ANNO 321 JÜDISCHES LEBEN IN DEUTSCHLAND

Herausgegeben von
Jürgen Wilhelm und Thomas Otten

ANNO 321 JÜDISCHES LEBEN IN DEUTSCHLAND

WIENAND

INHALT

Zum Geleit

Die möglicherweise auf den ersten Blick etwas kryptisch anmutende Zahl »321« bezieht sich auf jenes Jahr, in dem jüdisches Leben in Köln – und damit auf dem Gebiet des heutigen Deutschland – erstmals nachgewiesen ist. Juden leben hier also seit 1700 Jahren, höchstwahrscheinlich sogar noch länger. Das vorliegende Buch ist deshalb besonders zu begrüßen, denn es gewährt allen, die am Leben von Juden in Deutschland interessiert sind, Einblicke in das vielfältige Wirken jüdischer Menschen in allen wichtigen Bereichen und zeigt, wie fruchtbar für die Gesellschaft insgesamt dieses Wirken über die Jahrhunderte gewesen ist.

Wie man weiß, war diese gemeinsame Zeit leider alles andere als ungetrübt. Immer wieder ist es zu Ausschreitungen der christlichen Mehrheitsgesellschaft gekommen, die bis zur Auflösung ganzer jüdischer Gemeinden geführt hat. Doch trotz des uralten Antijudaismus und des darauf folgenden Antisemitismus, der in den schrecklichsten Abschnitt der gemeinsamen Geschichte von Juden und Christen mündete, den Holocaust, will das Jubiläumsjahr 2021 vor allem die positiven Beiträge würdigen und mit den Leistungen von Frauen und Männern jüdischen Glaubens für unsere heutige Gesellschaft vertraut machen.

Dass diese Leistungen nicht nur politisch und wirtschaftlich, sondern auch durch kulturelle Werke oft eine herausragende Stellung einnehmen, beweist die eindrucksvolle Bebilderung dieses Buches. Sie zeichnet mit ›sprechenden‹ historischen Artefakten ein im Wortsinn lebendiges Bild bis hin zur Neuzeit.

Ausgangspunkt für die Rückbesinnung im Jahr 2021 ist ein Dekret Kaiser Konstantins, das er 321 auf Anfrage des damaligen Kölner Stadtrats für das Römische Reich erlassen hat. Obwohl seitdem jüdische Menschen auf dem Gebiet des heutigen Deutschland immer wieder Vertreibung, Zwangs-Ghettoisierung und Tod erlitten haben, wissen wir doch auch von Phasen friedfertigen, ja sogar gutnachbarlichen Miteinanders in den vergangenen 1700 Jahren in vielen Städten (und auf dem Land). Dann profitierten die Metropolen des Reiches von der wirtschaftlichen Kraft und Innovationsfähigkeit der Juden, deren Stellung schon daran abzulesen ist, dass ihre Wohnhäuser und Synagogen während des Mittelalters, der Neuzeit und bis weit in das 19. Jahrhundert stets im Zentrum der Orte lagen.

Und noch etwas wird in diesem Buch verdienstvoll herausgestellt. Nicht zuletzt aufgrund der negativen Erfahrungen trieben jüdische Bürger häufig durch Wort und Tat die jeweilige Modernisierung des Gemeinwesens voran, oft mit internationaler Strahlkraft. Allein im deutschsprachigen Raum braucht man in den letzten beiden Jahrhunderten nur an Karl Marx, Albert Einstein und Sigmund Freud zu denken, die auf ihren Gebieten die Welt grundlegend verändert und überkommene Vorstellungen unerschrocken durch überzeugend Neues ersetzt haben.

Auch jüdische Frauen genossen schon recht früh Bildung und Ausbildung, die christlichen Frauen weit länger verwehrt blieben. Heute sind sie Vorbilder im Kampf um Gleichberechtigung und Gleichstellung der Frauen in unserer Gesellschaft. Man denke nur an die berühmten Salons von Rahel Levi und Henriette Herz in Berlin, wo sich die intellektuelle Elite traf und über Zustand und Fortschritt der gesellschaftlichen Realität debattierte. Daneben hatten Musikerinnen wie Fanny Hensel, die Schwester von Felix Mendelssohn Bartholdy und wohl eine der bedeutendsten Komponistinnen ihrer Epoche, großen Einfluss auf die damalige Berliner Kulturszene und Stadtgesellschaft.

Diese Hinweise mögen genügen, um neugierig zu machen auf die Texte und Abbildungen, damit man mehr erfährt über jene zahlenmäßige Minderheit, die seit nunmehr 1700 Jahren die Mehrheit und damit die gesamte Gesellschaft immer wieder vorangebracht hat.

Ich hoffe und wünsche sehr, dass die Kenntnisse, die dieses Buch vermitteln kann – im Verein mit den vielen weiteren Publikationen und Veranstaltungen, die dieses Jahr begleiten und gestalten –, zu einem dauerhaft friedvollen Miteinander aller gutgesinnten Menschen beitragen werden. Denn bekanntlich helfen Bildung und Wissen entscheidend dabei, Vorurteile abzubauen sowie Offenheit, Respekt und Toleranz zu fördern.

ABRAHAM LEHRER
Vizepräsident des Zentralrats der Juden in Deutschland

JÜRGEN WILHELM

1700 Jahre jüdisches Leben in Deutschland

Wie kommt es eigentlich, dass im Jahr 2021 in Deutschland in besonders vielfältiger Weise Veranstaltungen, Feiern, Aktionen zum jüdischen Leben stattfinden? Und wieso heißt es »1700 Jahre jüdisches Leben in Deutschland«?

Für beide Fragen gilt dieselbe Antwort: Es hängt mit einem Dokument des römischen Kaisers Konstantin zusammen, der in einem Dekret im Jahr 321 zum ersten Mal erwähnt, dass es im Römischen Reich Menschen jüdischen Glaubens gibt. Konstantin wurde von den römischen und germanischen Bürgern der Stadt Köln um eine Regelung für den Stadtrat gebeten, die mit diesen Juden zusammenhängt. Mit dem Dekret hebt der Kaiser eine bis dahin gegenüber den Juden geübte Regel, ein Privileg auf, das sie von der Berufung zum ›Stadtrat‹ enthoben hatte, einem Amt, das den Berufenen schwere Pflichten auferlegt. Diesem Dekret folgt im Jahr 331 ein zweites, das sich erneut mit Juden im Reich beschäftigt.

Wenn man davon ausgeht, dass sich der Kaiser nicht mit Petitessen abgegeben hat, muss dieser Einflussnahme bei Hofe intensive Lobbyarbeit vorausgegangen sein, denn ohne eine solche Beeinflussung war eine kaiserliche Entscheidung nicht zu erwirken.

Das Entscheidende aber ist die historische Tatsache jüdischen Lebens im damaligen germanischen Reich, nämlich in Köln. Diejenigen, die Gegenstand eines kaiserlichen Dekrets waren, mussten sich bereits seit längerem in der Stadt etabliert haben, besaßen Grundstücke, waren in einträglichen Berufen tätig, vielleicht als Richter, Ärzte, Münzmeister, als grundbesitzende Ackerbauern oder als erfolgreiche Kaufleute; sie mussten Steuern zahlen und waren statusbewusste Bewohner der Stadt. Obwohl vermutet werden darf, dass es auch in anderen römischen Städten des Reiches jüdische Siedlungen gegeben haben wird, etwa in Speyer, Worms und Mainz, können wir uns bis heute lediglich auf dieses Dekret beziehen, das die Existenz jüdischen Lebens nördlich der Alpen mindestens seit dem frühen vierten Jahrhundert beweist. Mögen sich aufgrund der späteren Entwicklungen des Judentums in Mittelalter und Neuzeit, vor allem auch im 18.–20. Jahrhundert nach der Französischen Revolution, im Bewusstsein der heute lebenden Deutschen auch andere Städte in den Vordergrund drängen, etwa Frankfurt am Main oder Berlin, wo es intellektuelles und kaufmännisch erfolgreiches Judentum gegeben hat, so können die Rheinländer doch mit großem Stolz und Selbstbewusstsein auf die mit Abstand längste belegbare Geschichte von Juden in Deutschland zurückblicken.

Johann Adam Boller, Chanukka-Leuchter, Silber, teilvergoldet, gegossen, graviert, Filigran, Frankfurt am Main, 1706–1732, New York, The Jewish Museum

Werner Eck stellt in seinem Beitrag Konstantins Dekret genauer vor und ordnet es in die Geschichte des Römischen Reiches ein.

Deutschland und die Juden, das könnte eine wunderbare Geschichte über Respekt und Toleranz, wirtschaftlichen Erfolg, kulturellen Reichtum, Nachbarschaft, Glanz und Gloria dieses geografischen Raums zwischen Elbe und Rhein sein. Wie man weiß, ist sie das leider nicht geworden.

Es gab und gibt aber auch in der jüngeren und jüngsten Historie nicht nur die dunklen Seiten, nicht nur Schatten. Es gab und gibt Licht, Glanz und Ruhm für die Gebiete und Städte, in die jüdische Menschen hineingeboren wurden und zu einem bedeutenden Teil der Gesellschaft wurden.

In diesem Buch geht es deshalb vor allem darum, in einem Überblick, also mit der notwendigen Kürze, leicht verständlich, aber dennoch wissenschaftlich fundiert, dem interessierten Leser das Wesentliche des Judentums vorzustellen. Wir stellen ein Vademekum zur Verfügung, das in kompakter Form und mit zahlreichen attraktiven Abbildungen Fakten und Informationen vermittelt und dadurch neugierig auf ein vertieftes Wissen machen soll, das man auf vielerlei Art in Büchern, aber zunehmend auch in klugen Beiträgen des Internets findet. Wir wollen darstellen, welchen Beitrag zum Aufbau, zur Entwicklung und zum Ruf Deutschlands und seiner politischen Vorläufer das Judentum über die Jahrhunderte und in vielfältiger Form geleistet hat.

Thomas Otten beschäftigt die Frage, was denn in der langen Zeit zwischen Spätantike und Hochmittelalter passiert ist, denn für diesen großen Zeitraum existieren kaum historische Belege oder archäologische Funde.

Völlig anders ist es im Mittelalter. Wir wissen sehr viel über jüdisches Leben in dieser Zeit, und Matthias Schmandt zeigt die wesentlichen Zusammenhänge auf.

Zur Wirkungsgeschichte des jüdischen Volks nördlich der Alpen gehören aber natürlich mehr als nur historische Daten und Fakten. Die sichtbaren und überlieferten Zeugnisse der Juden sind vielmehr Ausdruck einer einzigartigen Beziehung, die offenbar mit ewiger Wirkung ausgestattet ist: der Bindung an das jüdische Gesetz, an das, wie die Christen es nennen, Alte Testament, und hier insbesondere an die fünf Bücher Mose, den Pentateuch. Neben den Büchern Mose bildet der Talmud eine feste Grundlage für das Judentum. Der Talmud ist eine der wichtigsten Schriften im Judentum. Den Talmud zu studieren gehört für fromme jüdische Männer zum Leben. Meist beginnt man mit dem Talmud-Studium im Alter von 15 Jahren, wenn man als Kind und Jugendlicher bereits Bibelfestigkeit erworben hat. In weniger frommen Kreisen ist das intensive Talmud-Studium Teil der Rabbiner-Ausbildung, wird aber nicht von der Mehrheit der Gemeindemitglieder betrieben.

Mit diesem Studium wird bereits eine wichtige Erklärung für die vielen herausragenden Leistungen der Juden innerhalb der Gesellschaft geliefert. Immer schon versuchten Juden sich zu bilden und auszubilden. Wenn es auch jahrhundertelang eine ausschließliche Angelegenheit für Männer war, so lag der Durchschnitt der ausgebildeten Juden im Vergleich zu ihren christlichen Nachbarn stets deutlich höher. Die Diaspora, also die Existenz religiöser Gemeinschaften in der Fremde, die durch die Jahrhunderte stets Pogromen (gewalttätigen Ausschreitungen gegen eine Minderheit) ausgeliefert waren, führte dazu, dass die vertriebenen Juden ihre familiären Netzwerke von Beginn an internationalisierten und dadurch weltoffen und kaufmännisch erfolgreich waren, zumal ihnen viele Tätigkeiten, insbesondere im Handwerk, in den meist christlich dominierten Ländern untersagt waren.

Der kaufmännische Erfolg wiederum wurde zum Bumerang immer dann, wenn sich die politische Lage für Staat oder Kirche verschlechterte und das Volk mit dreisten Lügen und Verleumdungen gegen die Juden aufgehetzt wurde, die man für so ziemlich alles verantwortlich machte, was gerade in Politik, Wirtschaft oder Medizin schief lief.

Dennoch gelang es den Juden immer wieder, sich durch Fleiß, Verzicht, Ausdauer und Gottesglaube eine respektable Stellung zu erarbeiten, die jedoch stets misstrauisch beäugt wurde. Selbst das sogenannte Goldene Zeitalter in Spanien, das von relativer Toleranz gekennzeichnet war, lässt bei näherem Hinsehen eine Unzahl von Regulierungen zu Lasten der Juden erkennen. Immerhin jedoch erlaubte es für eine lange Zeit das friedliche Nebeneinander von Muslimen und Juden mitten in Europa, das nach der Rückeroberung durch die Christen Stück für Stück zerstört wurde. Die Nachkommen der damals vertriebenen Juden leben noch heute in der Türkei und in anderen Teilen der Welt; sogar Reste der alten spanischen Sprache sind noch zu finden. Und nicht nur das; trotz der systematischen Zerstörungen und Vernichtungen des Holocaust sind vielfältige Kunstwerke auf uns gekommen. Vor allem liturgische Gegenstände, die bei den Feiern in der Synagoge Gebrauch finden, vermögen einen guten Überblick über das jüdische Kulturerbe zu geben. Deshalb widmet sich Helmut Fußbroich diesen wunderbaren Artefakten in einzelnen Betrachtungen, die sich als Exkurse durch das ganze Buch ziehen.

Im christlich dominierten Deutschland lebte zu allen Zeiten ein verdeckter und immer wieder aggressiver Antijudaismus, den man erst seit dem Ende des 19. Jahrhunderts als Antisemitismus bezeichnet. Um seine Theologie gegenüber Rom zu verteidigen, ließ sich selbst Martin Luther zu dem niederträchtigsten und dümmsten Buch hinreißen, das er geschrieben hat. Klaus Hardering und Rolf Lauer zeigen in ihrem Beitrag über die Bildzeugnisse der christlich-jüdischen Geschichte im Kölner Dom sehr nachdrücklich auf, wie die offizielle Kirche systematisch ihre eigene Mutterreligion diffamiert und verunglimpft hat.

Aufgrund der Französischen Revolution erlebten vor allem im Westen Europas die Juden eine Zeit relativer Offenheit und Toleranz. Sie durften alle Berufe ausüben, waren jedoch immer wieder von Restriktionen betroffen, die nach und nach viele der gewonnenen Freiheiten wieder einschränkten. Eine Mischung boshaftester Lügen und grauenhafter Verschwörungstheorien führte dann durch die Deutschen im 20. Jahrhundert zum größten Verbrechen der Menschheitsgeschichte, der systematischen Vernichtung des jüdischen Volkes in ganz Europa. Die Nazi-Ideologie fußte auf einem langfristig währenden und wirkenden Antisemitismus.

In der Zeit davor jedoch gelingt es jüdischen Forschern und Künstlern in einem erstaunlichen Ausmaß mit Erkenntnissen auf beinahe allen wissenschaftlichen Gebieten die Welt zum Staunen zu bringen. Einige davon werden in dem Artikel »Jüdische Persönlichkeiten« vorgestellt.

Obwohl und weil die Juden immer wieder erfolgreich waren und den Neid der Christen auf sich zogen, kam es immer wieder zu Konflikten mit der christlichen Mehrheit.

Denn die Juden waren keineswegs nur auf kaufmännischem Gebiet erfolgreich. Auch ihre Gelehrsamkeit erstaunt bis heute. Die auf uns gekommenen Schriften des Talmuds sind dabei keineswegs ausschließlich für die jüdische Gelehrsamkeit wichtige Zeugnisse. Wenn der Talmud auch von Rabbinern fortgeschrieben wurde und immer noch über Auslegungsfragen heftig diskutiert wird, so wäre es ein großes Missverständnis, diese Debatten als rein akademisch-theologische Beschäftigung zu interpretieren. Der Talmud ist mit ca. 10 000 Buchseiten ein Grundlagenwerk der Rabbiner, mit dessen Hilfe man in vielfältiger Weise die praktischen Lebensverhältnisse beschreiben und ordnen kann. Er dient als wesentliche Orientierung für jeden rechtgläubigen Juden. Da solche Traktate, wie sie genannt werden, stets mit der notwendigen Autorität eines Rabbiners, also eines Interpreten des Wortes Gottes, verkündet und angewandt werden, haben bis heute die Entscheidungen der Rabbiner ein festes Gerüst gebildet mit häufig juristischer Verbindlichkeit für die Gemeinde oder die bei einem Streit Beteiligten. Der Talmud bildet deshalb eine Art theologisches Gesetzeswerk für jeden Juden in jeder Lebenssituation.

Das gilt in begrenztem Umfang sogar für die gern als weltabgewandt klassifizierte Mystik. Auch diese hatte, jedenfalls im deutschsprachigen Raum, vorwiegend kulturell-praktischen Charakter. Die Grundelemente der jüdischen Mystik bilden die absolute Geistigkeit, Einheit und Gestaltlosigkeit Gottes. Praktische Auswirkungen hatte die Mystik auf Literatur und Dichtung.

Neben der synagogalen Dichtung fanden Schriften über das Leiden der Juden etwa im Rheinland Eingang in diesen Zyklus. Auch eine Ermittlung von Wissen und Lehren entwickelte sich aus der Mystik, ebenso wie eine den weniger gebildeten Gemeindemitgliedern entgegenkommende schlichte Version von allgemeinen Verhaltensregeln.

Dabei war die Sprache der im deutschen Sprachraum lebenden Juden das Deutsche, wohingegen die Schriften im Allgemeinen zwar in deutscher Schrift, also in lateinischen Buchstaben, aber in hebräischer Sprache abgefasst wurden. Das Jüdisch-Deutsche wurde von den aus Deutschland in osteuropäische Staaten (zum Beispiel Polen, Ukraine) vertriebenen oder freiwillig weiterreisenden Juden bis in die Neuzeit beibehalten und hat sich als eigene Sprache, das Jiddisch, etablieren können, obwohl seit dem Holocaust nur noch wenige Menschen diese Sprache pflegen. Die meisten leben als orthodoxe Juden in New York und Jerusalem.

Auf den Unterschied zwischen orthodoxem und liberalem Judentum sowie darauf, welche Richtung des Judentums in Deutschland vorherrschend ist und weshalb, geht Cordula Lissner in ihrem Beitrag ein.

Und nach den vielen historischen Fakten und Informationen über das Judentum im Allgemeinen soll dieser Band auch dazu dienen, sich mit dem Leben jüdischer Menschen in Deutschland in der heutigen Zeit zu beschäftigen. Über ihre Erfahrungen und Ansichten berichtet uns die Publizistin und Politikerin Marina Weisband in einem Interview mit dem Journalisten Frank Olbert.

Wir haben das Buch mit vielen Abbildungen versehen, damit deutlich wird, welche künstlerischen und kulturellen Schätze Menschen jüdischen Glaubens in Zentraleuropa und insbesondere auf dem Gebiet des heutigen Deutschland seit nunmehr 1700 Jahren geschaffen haben. Dabei ist es natürlich, dass die Kunstwerke und liturgischen Gegenstände der jüngeren Zeit im Vordergrund stehen. Ein reicher Schatz lässt sich vor allem seit dem 19. Jahrhundert trotz der Nazi-Zeit noch immer zeigen und auch weiter erschließen.

Albert Einstein hat nach dem Zweiten Weltkrieg gallig konstatiert, dass die größten Mächte, die die Menschen regierten, Dummheit, Furcht und Habgier seien. Sicher wird diese bittere Erkenntnis häufig zutreffen. Sie darf uns aber nicht davon abhalten, immer wieder das Gegenteil anzustreben, nämlich Vernunft, Zivilcourage und Liebe dem Negativen entgegenzusetzen. Das gilt nach dem Holocaust nicht nur, aber in allererster Linie für die Deutschen im Verhältnis zu den hier lebenden Menschen jüdischen Glaubens.

WERNER ECK

Juden im römischen Köln – und was der Erlass Konstantins aus dem Jahr 321 für sie verändert

Die Colonia Claudia Ara Agrippinensium war seit ihrer Gründung eine wehrhafte Stadt. Die schon frühzeitig errichtete Mauer schützte sie vor äußerer Bedrohung. So gelang es erst im Jahr 355 fränkischen Gruppen, das römische Köln zu erobern. Freilich bewahrten diese Mauern nur das Zentrum vor feindlichen Angriffen, doch Köln als Gemeinde mit allen seinen Bewohnern erstreckte sich weit darüber hinaus. Dieses große, mehr als 7000 km^2 umfassende Territorium war die wirtschaftliche Basis, ohne die die römische Kolonie nicht existieren konnte. Gerade dieser Landbesitz war aber seit der Mitte des 3. Jahrhunderts immer wieder von germanischen Scharen verwüstet worden, mit entsprechenden Auswirkungen für alle, die im Zentrum lebten, nicht zum wenigsten die führenden Familien der Stadt. Denn deren Stellung lag vor allem an ihrer wirtschaftlichen Stärke, die überall in der römischen Gesellschaft wesentlich auf landwirtschaftlichem Grundbesitz beruhte. Diese Familien, die auch die Magistrate und Stadträte des römischen Köln stellten, litten damit massiv unter den Zerstörungen durch die feindlichen Einfälle. Sie wurden sogar doppelt von der wirtschaftlichen Schwächung betroffen, weil sie auch gegenüber der kaiserlichen Finanzadministration für den Steuereingang verantwortlich waren. Denn die Steuerforderung erfolgte vor allem auf Grundlage der landwirtschaftlichen Flächen, und zwar nicht primär nach dem aktuellen Ertrag. Wenn die Bauernhöfe auf dem Territorium weniger wurden oder geschädigt waren, dann erhöhte sich die Belastung der Eliten, die im Stadtrat (ordo decurionum) die Geschicke der Stadt bestimmten.

Als in den ersten Jahrzehnten des 4. Jahrhunderts die Anforderungen an diese Familien deutlich anstiegen, suchten sie nach einer Entlastung. Hilfe versprach eine Erhöhung der Zahl derer, die die Verpflichtungen mittragen sollten, also eine Verteilung auf mehr Schultern. Dafür aber kamen natürlich nur Bürger von Köln in Frage, die sich bisher an den Lasten der Gemeinde nicht beteiligen mussten, wie zum Beispiel die Heeresveteranen, die lange Zeit weitgehend von Pflichten gegenüber der Gemeinde befreit waren. Doch das Heer war zu wichtig für die kaiserliche Macht; die ausgedienten Soldaten allzu sehr zu belasten, konnte daher kein Kaiser wagen. Die Stadträte (decuriones Agrippinenses) identifizierten jedoch eine weitere Personengruppe, die ihrer Ansicht nach herangezogen werden konnte: jene nicht ganz kleine Gruppe von Personen jüdischen Glaubens, die Bürger Kölns waren. Allerdings gab es ein Hindernis, denn sie alle lebten unter dem Schutz von Privilegien, die ihnen Iulius Caesar vor seinem Tod 44 v. Chr. verliehen hatte, weil sie ihn in seinem Kampf um die Vorherrschaft im Imperium unterstützt hatten. Diese Privilegien waren von Augustus bestätigt worden, und keiner der späteren Kaiser hatte

59 constantp gallicano et symmacho conss 112

[illegible]
id. a. decurionibus agrippiniensibus.
cunctis ordinibus generali lege con
cedimus iudaeos uocari ad curiam.
uerum ut aliquid ipsis ad solacium pris
tinae obseruationis relinquatur,
binos uel ternos priuilegio perpeti
patimur, nullis nominationibus oc-
cupari. dat. III id. dec. crispo II et cons
tantino II cc. conss. 113

60 [illegible]
id. a. hiereis et archisynagogis et pa-
tribus synagogarum et ceteros qui
in eodem loco deseruiunt. hiereos et
archisynagogos et patres synagoga
rum et ceteros qui synagogis deser-
uiunt, ab omni corporali munere libe-
ros esse praecipimus. dat. kal. dec. cons
tantp. basso et ablauio conss. 114

61 [illegible]
id. a. ad felicem ppo. post alia. eum qui ex
iudaeo christianus factus est, inquie-
tare iudaeos non liceat, uel aliqua pul
sare iniuria pro qualitate commissi is
tius modi contumelia punienda et ce-
tera. dat. XI kal. nou. cstanp. pp. VIII id. mai.
nepotiano et facundo conss.

sie je angerührt, auch nicht nach den Revolten in Judäa in den Jahren 66–70 und erneut 132–136 im sogenannten Bar-Kochba-Aufstand. Diese Privilegien schützten Juden davor, an irgendetwas teilnehmen zu müssen, womit sie gegen ihre Religion verstoßen hätten. So konnten sie zum Beispiel alles verweigern, was ihre Ruhe am Schabbat gestört hätte. Da jedoch das öffentliche Leben der römischen Gemeinden durchgehend von kultischen Handlungen durchzogen war, konnten sich damit Juden von vielem in einer Gemeinde fernhalten, darunter auch von städtischen Ämtern und von einer Teilnahme am Stadtrat wie dem Kölner ordo decurionum. Das bedeutete gleichzeitig, dass man von Belastungen, die mit derartigen Positionen verbunden waren, nicht betroffen wurde, es sei denn, man hätte eine solche Position freiwillig übernommen. Gelegentlich hatten einzelne jüdische Bürger aus eigenem Antrieb öffentliche Ämter bekleiden wollen, stießen dabei aber, soweit wir erkennen können, umgekehrt auf den Widerstand der etablierten Familien in vielen Städten. Deshalb hatte Kaiser Septimius Severus (193–211) nach einem Antrag von jüdischer Seite entschieden, Juden dürften Magistraturen und damit auch Sitze im Stadtrat übernehmen, müssten dann aber auch alle notwendigen Aufgaben erfüllen, soweit diese nicht mit ihrem Glauben kollidierten. Juden durften also Stadträte werden. Dass allerdings Septimius Severus das ausdrücklich bestätigen musste, zeigt das geringe Interesse der Eliten in Städten des Ostens, Juden neben sich in den Gemeinderäten zu sehen. Man hat ganz offensichtlich Juden, die das wollten, den Zugang verweigert, was angesichts der weitverbreiteten Abneigung gegen Juden in manchen Teilen der lokalen Gesellschaften nicht überrascht. Tatsächlich sind Juden als Mitglieder in einem Stadtrat oder gar als Magistrate vor dem 4. Jahrhundert kaum nachweisbar.

Abb. 1
Konstitution vom 11. Dezember 321, Codex Theodosianus 16, 8.3., Reg. lat. 886 - fol. 435 v, Vatikanstadt, Biblioteca Apostolica Vaticana. Der Text der Konstitution geht von Zeile 2 bis Zeile 10.

Diese strukturellen Voraussetzungen änderten sich im Verlauf des 3. und zu Anfang des 4. Jahrhunderts ganz wesentlich, was gerade die Situation im römischen Köln des Jahres 321 zeigt. Hier wollten die Stadtväter überraschenderweise Juden, die das für einen Stadtratssitz erforderliche Vermögen besaßen, in ihre Kreise aufnehmen. Doch die Angesprochenen dachten gar nicht daran, das ehrenvolle Angebot anzunehmen. Ihnen war natürlich die allgemeine ökonomisch-finanzielle Situation durchaus bewusst: ein Sitz im Stadtrat oder die Übernahme von Ämtern konnte schwerwiegende Folgen für den Einzelnen haben. Warum sollten Juden etwa für Schulden gegenüber der Finanzadministration zusammen mit den anderen Dekurionen haften? Als man in sie drang, Mitglied im Stadtrat zu werden, lehnten sie ab und verwiesen auf ihre Privilegien, die sie vor solchen Aufgaben schützten. Die gegensätzlichen Motive beider Seiten sind verständlich, blockierten aber eine Lösung des Problems. Wollten die Kölner Stadträte ihre Absicht nicht aufgeben, blieb ihnen nur die Möglichkeit, sich direkt an den Kaiser zu wenden. Das war damals Konstantin, den manche der Dekurionen vielleicht persönlich kannten, da er sich nicht selten in der Stadt aufgehalten hatte. So war er im Jahr 315 anwesend, als die Rheinbrücke hinüber zum Kastell Deutz fertiggestellt wurde. Man machte also eine Eingabe an Konstantin, um die Situation zu klären. Und tatsächlich wurde am 11. Dezember des Jahres 321 eine kaiserliche Entscheidung mit folgendem Wortlaut veröffentlicht (Abb. 1):

»Derselbe Kaiser [Konstantin] an die Ratsherren von Köln: Mit einem allgemeinen Gesetz erlauben wir allen Stadträten, Juden in den Rat zu berufen. Doch damit ein Rest der früheren Regelung ihnen zum Trost bestehen bleibe, gestehen wir mit einem immerwährenden Privileg je zwei oder drei von ihnen zu, von keinen Nominierungen in Anspruch genommen zu werden. Gegeben am 11. Dezember, als die Caesaren Crispus und Constantinus zum zweiten Mal Konsuln waren.«

Wichtig ist zum einen, dass der Kaiser den Erlass an die »Ratsherren von Köln« richtete. Eine solche Adressierung gab es bei denen, die direkt einen Antrag gestellt hatten. Die Angelegenheit war allerdings für den Kaiser so wichtig, dass er die Entscheidung, die er für Köln getroffen hatte, gleichzeitig als Gesetz auf das gesamte Reich ausdehnte. Die Entscheidung lautete, dass Juden in den Stadtrat berufen werden konnten, und zwar durch die Stadträte selbst. Diese konnten sich also selbst ergänzen, wenn die notwendige Zahl nicht erreicht war. Dabei verwies der Kaiser auf die alten Privilegien der Juden, die er für zwei oder drei Mitglieder der jeweiligen jüdischen Gemeinschaft beibehielt, während sie für alle anderen entfielen.

Warum? Weshalb veränderte Konstantin die Rechtslage, die so lange gegolten hatte? Weil die Voraussetzungen inzwischen andere waren und die allgemeinen Notwendigkeiten drängender geworden waren. Für Caesar war es selbstverständlich gewesen, dass Politik und Administration im römischen Kontext stets auch mit den Göttern und mit kultischen Handlungen verbunden waren; davor sollten Juden geschützt werden. Diese selbstverständliche Verquickung aber galt seit dem Toleranzedikt des Galerius aus dem Jahr 311 nicht mehr, was durch Konstantins Hinwendung zum Christentum noch verstärkt wurde. Kein jüdischer Stadtrat musste mehr zu Beginn einer Sitzung ein Weihrauchopfer darbringen, auch die kultische Verehrung der verstorbenen Kaiser entfiel. Deswegen konnten seitdem ja auch Bürger, die Christen waren, in der städtischen Administration mitwirken, was vorher für sie ebenfalls nicht möglich gewesen war. Für Juden und Christen galten in dieser Hinsicht dieselben Voraussetzungen. Unter diesen Prämissen sah Konstantin keinen Anlass mehr, das generelle Privileg für alle Juden aufrechtzuerhalten. Die Lasten in einer Gemeinde duldeten nicht länger solche allgemeinen Ausnahmegenehmigungen.

Bis heute wird dieser Erlass vielfach so verstanden, als ob damit den Juden der Eintritt in die Stadträte erlaubt worden sei. Doch das genaue Gegenteil trifft zu: Das wäre schon lange vorher möglich gewesen, mindestens seit Septimius Severus. Jetzt aber konnten umgekehrt Juden gezwungen werden, solche Stellungen und Ämter zu übernehmen. Nur zwei oder drei von ihnen konnten sich weiterhin weigern. Zehn Jahre später, am 1. Dezember 331, erließ Konstantin in Konstantinopel eine weitere Konstitution, die immer wieder auf Köln und die wenigen Juden, die noch die alten Privilegien genießen durften, bezogen wurde. Doch das trifft nicht zu. Der Erlass ist zum einen durch Anfragen aus dem Osten ausgelöst worden, wie allein die griechischen Bezeichnungen für die dort Angesprochenen zeigen: die »Hiereis (Priester), Archisynagogen, Väter der Synagogen und die übrigen, die am selben Ort Dienst tun.« Befreit sind sie nur von sogenannten munera sordida, also Pflichten, die mit körperlicher Arbeit verbunden waren wie zum Beispiel der Teilnahme am Straßenbau oder Ähnlichem. Alle, die kultische Aufgaben zu erfüllen hatten, sollten nicht durch andere Verpflichtungen davon abgehalten werden. Mit dem, worum es bei der Weigerung der Juden in Köln ging, hat dieser Erlass nichts zu tun.

Diese konstantinische Konstitution ist das einzige Zeugnis, das Juden im römischen Köln bezeugt; es ist auch das zeitlich erste auf dem Gebiet des heutigen Deutschland, weshalb es natürlicherweise Ausgangspunkt ist für ein Nachdenken über jüdisches Leben hierzulande. Allerdings lässt es auch erkennen, dass dieses erste Zeugnis nicht zugleich den Zeitpunkt angibt, seit dem Juden in Köln und in Niedergermanien lebten, wenn man es aus den historischen Realitäten heraus versteht.

Zum einen: eine jüdische Gemeinde, aus deren Mitgliedern die Kölner Dekurionen neue Stadträte gewinnen wollten, kann nicht ganz klein gewesen sein; notwendigerweise umfasste sie Menschen sehr unterschiedlicher sozialer Stellung und ökonomischer Potenz. Mindestens einige von ihnen müssen so vermögend gewesen sein, dass sie notfalls für finanzielle Ausfälle der Stadt haften konnten. Dieses Vermögen aber hat, wie das unter römischen Prämissen üblich war, großenteils aus Grundbesitz bestanden. Gerade dieser aber hatte nicht über Nacht erworben werden können. Familien, die so investiert hatten, müssen bereits über längere Zeit auf dem Kölner Territorium gelebt haben. Wie lange, das lässt sich freilich nicht erkennen. Die

›Zuwanderung‹ wird sich über mehrere Generationen erstreckt haben, nicht anders als dies auch bei christlichen Gemeinden im gallisch-germanischen Raum spätestens seit der zweiten Hälfte des 2. Jahrhunderts nachweisbar ist. Ähnliches darf man auch von jüdischen Gemeinden annehmen. Denn durch den katastrophalen Ausgang der Erhebung unter Bar Kochba setzte eine erneute Auswanderung aus Judäa ein, die zu einer Verstärkung der schon lange vorher vorhandenen Diaspora führte. Damals, also seit den 130er Jahren des 2. Jahrhunderts, dürften die ersten Juden im Rheinland und in Köln angekommen sein. Genauer lässt es sich nicht sagen. Aber jüdisches Leben auf dem Gebiet des heutigen Deutschland beginnt sicher lange vor dem Jahr 321. Jubiläen brauchen freilich einen klaren Ausgangspunkt. Deshalb ist es legitim, im Jahr 2021 von 1700 Jahren (oder ein wenig mehr) jüdischem Leben in Deutschland zu sprechen.

STATIONEN JÜDISCHEN LEBENS

Von Helmut Fußbroich

Das Judentum unterscheidet nicht zwischen einer Lebensführung nach säkularen oder religiösen Maximen. Grundlage des Judentums ist die Selbstoffenbarung Gottes, die in den ersten fünf Büchern der hebräischen Bibel, dem Tanach, aufgezeichnet und in der Tora zusammengefasst ist. Daraus leitet sich das jüdische Religionsgesetz, die Halacha (gehen, wandeln) ab. Mit ihren 613 Geboten (Mizwot) ist sie Richtschnur jüdischer Lebensführung.

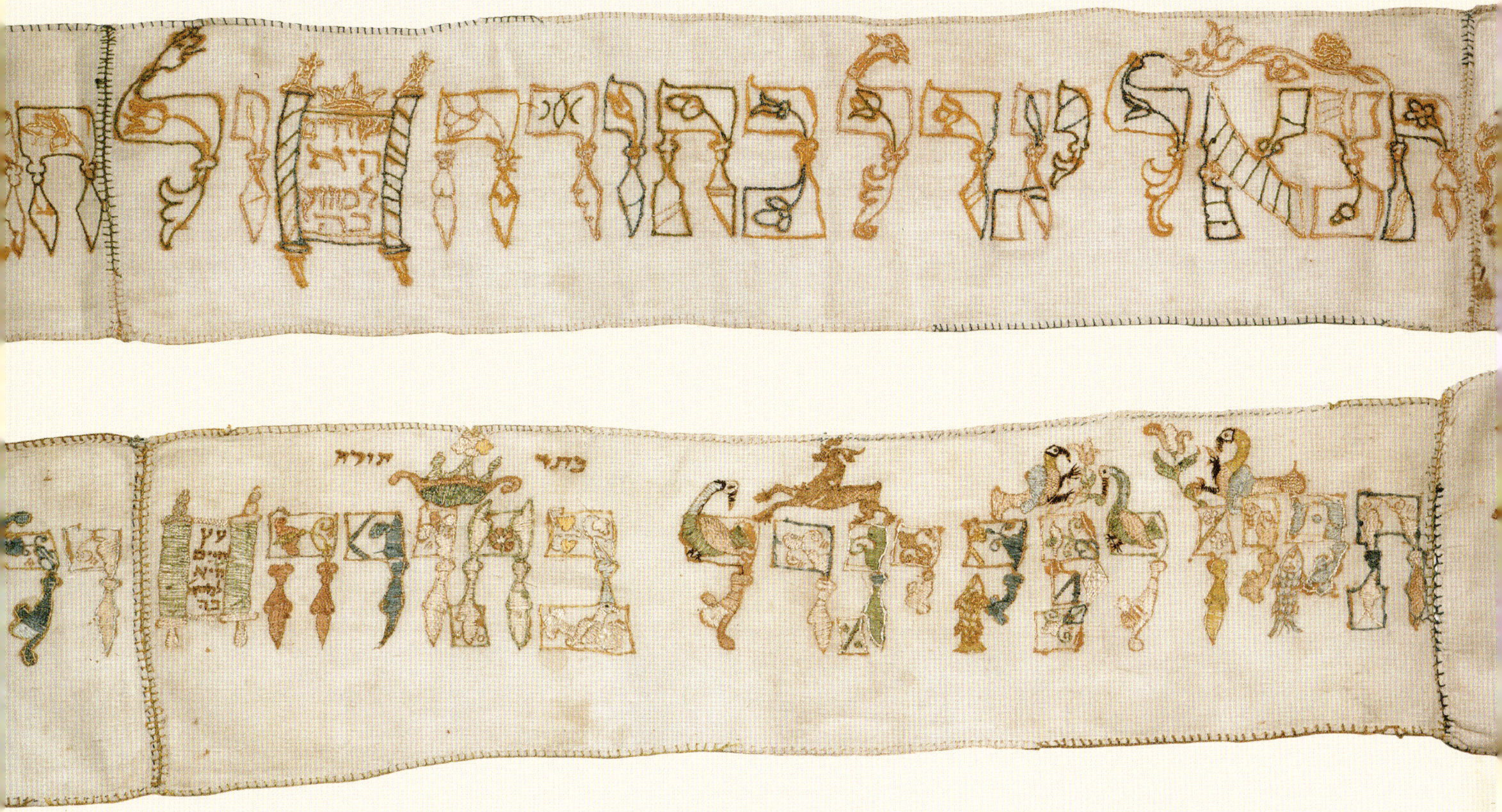

Tora-Wimpel (Mappa), weißes Leinen, bestickt, Süddeutschland (?), 1757, Kölnisches Stadtmuseum

GEBURT

Zum Zeichen des Bundes Gottes mit dem jüdischen Volk wird einem Knaben am achten Tag nach seiner Geburt durch den Beschneider (Mohel) die Vorhaut entfernt. Nach der Beschneidung (Berit Mila), die für die Judenheit ein höchst bedeutsamer Akt ist, spricht der Vater des Knaben eine Beracha, eine Segensformel, die er mit der Lobpreisung »Gepriesen seist Du, Herr, unser Gott, König der Welt« einleitet. Verbunden mit dieser Zeremonie ist die Namensgebung. Vornehmlich in Deutschland wird aus der bei der Beschneidung getragenen Windel der Tora-Wimpel gefertigt. Bei seinem ersten Besuch der Synagoge schenkt ihn der Knabe der Gemeinde. Als Zeichen der Verbundenheit des Jungen mit dem Judentum wird der Wimpel um die Tora-Rolle gebunden.

RELIGIONSMÜNDIGKEIT

Ab ihrem dritten Geburtstag tragen die Männer beim Beten und beim Besuch der Synagoge eine Kippa (Kopfbedeckung) als Zeichen des Respekts vor Gott. Nach Vollendung des 13. Lebensjahrs wird ein von einer jüdischen Mutter geborener Knabe religionsmündig – er wird ein Bar Mizwa, ein Sohn des Gebots. Der auf den Geburtstag folgende Schabbat wird in der Synagoge festlich begangen. Der Bar Mizwa wird aufgerufen, Segenssprüche über der Tora zu sprechen. Dabei legt er erstmals die Tefillin an. Diese Gebetsriemen bergen in zwei schwarzen ledernen Kapseln folgende Zitate aus dem Tanach: Schemot (Exodus) 13,1–10 und 13,11–16 (zum Auszug aus Ägypten), sowie Dewarim (Deuteronomium) 6,4–9 und 11,13–21 (mit Regeln des Bundes). Die an der Stirn zu tragenden Kapseln werden von einem um den linken Arm gewundenen Lederriemen fixiert.

Die Tochter, die bereits nach Vollendung des zwölften Lebensjahrs religiös volljährig ist, wird eine Bat Mizwa, eine Tochter des Gebots. Orthodoxe Synagogen-Gemeinden lehnen die Bat Mizwa ab.

Anlegen der Gebetsriemen (Tefillin), Oblate, Chromolithografie auf Karton, geprägt, gestanzt, um 1906, Jüdisches Museum Berlin

Hochzeitsring, Silber, vergoldet, Deutschland (?), 19. Jahrhundert, Kölnisches Stadtmuseum

HEIRAT

Vor der Eheschließung, Nissu'in, sucht die Kalla, die Braut, erstmals die Mikwe auf, um sich dort rituell zu reinigen. Die Trauungszeremonie kann sowohl im Freien als auch in der Synagoge gefeiert werden – in jedem Fall aber in Ausrichtung auf Jerusalem unter der Chuppa, dem Traubaldachin. Der Rabbiner (Meister, Lehrer) spricht die sechs Segenssprüche zur Hochzeit und liest den Ehevertrag, die Ketuba, in Gegenwart von zwei männlichen Zeugen vor, die mit keinem der Ehepartner verwandt sein dürfen. Die Ketuba dient der sozialen Sicherung der Braut. Nach dem Segen spricht der Bräutigam, der Chatan, die Trauformel: »Siehe, Du bist mir angeheiligt durch diesen Ring nach dem Gesetz des Moses und Israels.« Zum Abschluss trinkt er einen Schluck Wein und zertritt danach das benutzte Glas in Erinnerung an die Zerstörung des Tempels. Die Hochzeitsgäste wünschen dem Ehepaar viel Glück, Masal tow.

TOD UND BESTATTUNG

Eine von der Synagogen-Gemeinde gebildete Bruderschaft, die Chewra Kaddischa, sorgt für eine den Vorschriften folgende Bestattung der Verstorbenen. Ihr obliegt die Tahara, die Waschung der Toten. In großen Synagogen-Gemeinden wird sie in einem eigens dafür vorgesehenen Gebäude vorgenommen. Nach der Waschung wird der Verstorbene mit einem einfachen Leinengewand bekleidet. Männern wird ihr Gebetsmantel, der Tallit, angelegt, dessen Schaufäden, die Zizit, zuvor abgerissen worden sind. Bestattet wird der Verstorbene in einem aus unbehandelten Brettern gefügten Sarg – oft wird ein mit Erde aus dem Heiligen Land gefülltes Säckchen unter seinen Kopf gelegt. Nach der Trauerrede des Rabbiners rezitiert ein Angehöriger des Toten das Kaddisch, dem zu diesem Anlass ein Passus über die Auferstehung eingefügt wird. Als letztes Gebet sprechen die Angehörigen das Bekenntnisgebet des Judentums, das Schema Jisrael: »Höre Israel, der Ewige, unser Gott, ist ein einiges, ewiges Wesen.« Nach der Beisetzung beginnt die siebentägige Schiw'a (sieben), während der die Trauernden im Haus bleiben. Daran schließt sich die dreißigtägige Trauerzeit, Schloschim, an.

Grabstein für Sara (gest. 1302),
Kölnisches Stadtmuseum

Grabstein für den Rabbiner Alexander ben Jakob ha Cohen, Jüdischer Friedhof Deutz, Köln

DER FRIEDHOF

Ein jüdischer Friedhof, Bet ha-Kewarot (Haus der Ewigkeit), ist ein immerwährender Ort des ewigen Gedenkens, der Erinnerung, und wird deshalb nie aufgegeben. Die Grabstele, die Mazzewa, zeigt eine Inschrift und seit dem 16. Jahrhundert oft auch floralen Dekor. Seit dem 19. Jahrhundert wird die hebräische Inschrift um eine deutsche ergänzt.

Der Magen David (Davidschild oder -stern), ein Hexagramm, zeigt die Zugehörigkeit zum Judentum an. Bestimmte Symbole informieren über die Abkunft des Verstorbenen: Stammt er aus einer Priesterfamilie, symbolisieren segnende Hände mit gespreizten Fingern den Segen des Kohen, des (Tempel-)Priesters. Eine Kanne oder ein Becher deuten auf die Abkunft von einer Levitenfamilie, und das Schofar-Horn bezeugt die Herkunft aus einer Familie, die das Amt des Chasan, des Vorbeters, einstmals im Tempel innehatte. Die Sitte, kleine Steine auf das Grab zu legen, leitet sich ab von den großen Steinen, mit denen während der vierzigjährigen Wanderung die Gräber vor Zerstörungen durch Wildtiere geschützt wurden.

Juden in den ›dark ages‹ des ersten Jahrtausends – und was die Archäologie bisher davon erhellt

Die Tradition jüdischen Lebens im Raum nördlich der Alpen und im heutigen Deutschland währt bereits seit langer Zeit. Das Dekret Kaiser Konstantins aus dem Jahr 321 zeigt anschaulich, dass jüdisches Leben in den Provinzen des Reiches mindestens seit der Spätantike überliefert ist (vgl. den Beitrag von Werner Eck, Seite 13). Die in diesem Gesetz getroffene Regelung für Juden als Mitglieder der Räte in den römischen Provinzstädten ist jedenfalls ein klarer Beleg für die lange Geschichte und die sozialgeschichtlich bedeutende Rolle, die Juden bereits in den antiken Gesellschaften zukam.

Jüdische Gemeinden in den antiken Gesellschaften

In der Diaspora des östlichen Mittelmeerraums, etwa in Kleinasien und Syrien, entwickelten sich schon Jahrhunderte früher jüdische Gemeinden. Aber auch im westlich mediterranen Raum haben sie eine lange Tradition. Für Rom ist seit dem 2. Jahrhundert v.d.Z. eine jüdische Gemeinde belegt. Dass sich im Norden und Westen Europas jüdische Gemeinden deutlich später entwickelten, hängt mit der Einrichtung der römischen Provinzen zusammen. Im Verlauf der Truppenbewegungen in die neu gegründeten Provinzen bildeten sich die provinzialrömischen, regionalen Bevölkerungen und feste städtische Strukturen heraus. Die Zivilstädte waren eine Grundvoraussetzung, damit Juden die Nord- und Westprovinzen des Reiches nicht nur erreichten, sondern dort auch siedelten.

Das Dekret Konstantins wirft die Frage auf, welchen sozialen Stand Juden innerhalb der antiken Gesellschaft und welches Verhältnis sie zu ihren nichtjüdischen Nachbarn gehabt haben. In den Rat einer Provinzhauptstadt berufen zu werden, war gleichermaßen Berechtigung wie Verpflichtung, die Berufung traf daher nur eine bestimmte Schicht, und zwar etablierte, wirtschaftlich erfolgreiche und akzeptierte Mitglieder der Stadtgesellschaften. Diese soziale Akzeptanz mussten sich auch Juden über Generationen erwerben. Dies war möglicherweise bereits in der Antike der Grund dafür, dass Juden sich besonders in städtischen Milieus entlang der Handelswege niederließen und städtische Lebensweisen pflegten. Juden erlangten im Römischen Reich bei entsprechenden Voraussetzungen volle Bürgerrechte. Ihre Rolle in der antiken Gesellschaft in Rom wie auch in anderen Provinzen des Reiches dürfte nach unseren heutigen Kenntnissen eine gleichberechtigte zu anderen gesellschaftlichen Gruppen gewesen sein. Mit den großen historischen Ereignissen und Kriegen dieser frühen

Abb. 1
Fragment einer spätrömischen Öllampe (ergänzt) mit Darstellung der Menora, um 400, Tunesien, gefunden 1960 am Gallusplatz in Augsburg, Kunstsammlungen und Museen Augsburg, Archäologisches Zentraldepot

Zeit – dem Aufstand und Jüdischen Krieg der Jahre 66 bis 70 und dem Bar-Kochba-Aufstand von 132 bis 135 –, die sich in der Provinz Judäa abspielten, erkennen wir vermutlich die Hauptursachen für große Ab- und Auswanderungswellen jüdischer Verbände in den Westen des Reiches. Insbesondere für die Zeit des Bar-Kochba-Aufstands lassen die Quellen vermuten, dass es zu massenhaften Auswanderungen aus Judäa kam.

Archäologische Funde bringen Licht ins Dunkel

Was passierte aber in der antiken und spätantiken Zeit in den heutigen deutschsprachigen Gebieten und im übrigen nördlichen und nordwestlichen Mitteleuropa? Wenige, jedoch aussagekräftige archäologische Funde beleuchten diese Situation schlaglichtartig und bestätigen so das Dekret Konstantins. Dabei erkennen wir ein Phänomen, das sich auch im Mittelalter fortsetzt: die Alltagskultur von Juden und Nichtjuden unterschied sich kaum voneinander. Man verwendete das gleiche Tisch- und Kochgeschirr und Glas im Haushalt, die gleichen Werkzeuge, trug ähnliche Kleidung und wohnte in den gleichen Häusern. Spätantike und frühmittelalterliche Funde mit jüdischem Charakter erkennen wir also nur dann, wenn sie besondere Motive oder Inschriften tragen. Bei der Architektur von Synagogen und Mikwot (Plural von Mikwe) verhält es sich ebenso. Das größte Problem ist deren Erkennbarkeit, eine Parallele zur Identifizierung frühchristlicher Kirchen. Wenn die liturgischen Einbauten der Synagogen, beispielsweise der Tora-Schrein, fehlen, weil sie vielleicht aus Holz gefertigt waren, wenn eindeutige alttestamentliche Malereien und Inschriften fehlen, dann sind die erhaltenen Architekturreste nicht als ehemalige Synagogen zu erkennen, sondern sehen aus wie jeder andere regionale Haustyp.

So wie man frühchristliche Hauskirchen annimmt, wird man auch mit Haussynagogen rechnen können, die kleineren Gemeinden als Versammlungsräume dienten. Dazu konnten auch einfache Wohnhäuser umgenutzt werden, ein solches Beispiel des 2. Jahrhunderts kennen wir aus Priene in Kleinasien. Antike Synagogen dürften wohl durchweg Merkmale regionaltypischer Architektur aufgewiesen haben. Die wenigen bekannten Synagogen stammen denn auch ausschließlich aus dem mediterranen Raum, aus Delos bei den Kykladen, Ostia bei Rom oder Sardis in Kleinasien. Allein für Rom sind elf Synagogen in historischen Quellen genannt, aber nicht eine einzige davon konnte bis heute archäologisch nachgewiesen werden. Auch die im 2. und 3. Jahrhundert reich mit Fresken und bemalten Deckenfliesen ausgestattete Synagoge von Dura Europos in Syrien ging aus einem früheren Privathaus hervor. Sie liefert uns eine weitere wichtige Erkenntnis für die Rekonstruktion der nicht erhaltenen Synagogen unserer Regionen nördlich der Alpen: Es herrschte offenbar in der Ausstattung der Synagogenarchitektur kein ausdrückliches Bilderverbot, sondern es gab Austauschprozesse von künstlerischen Bildprogrammen von Juden, Christen und Heiden, die die bekannten Bilder des Alten Testaments verwendeten und in ihrem jeweiligen Sinn deuteten. Für die unbekannten Synagogen im Nordwesten des Imperiums werden wir uns neben biblischen Szenen wohl vor allem Architekturdarstellungen vorstellen müssen, die insbesondere die Spiritualität des Synagogenraums und der Tora akzentuierten. Aus unseren Regionen kennen wir nur einen etwas unsicheren antiken Befund aus Augsburg, wo Fragmente alttestamentlicher Wandmalerei unter der hochmittelalterlichen Galluskapelle auf eine Synagoge deuten könnten.

Besondere Qualität als Quellen besitzen Kleinfunde aus archäologischen Grabungen, die jüdische Symbole oder hebräische Schrift tragen. Um den jüdischen Charakter von archäologischen Objekten zu erkennen, sind vor allem eindeutige Darstellungen der Menora hilfreich. Sie finden sich auf Öllampen, Fingerringen und Siegeln. Damit ist noch nicht gesagt, dass die früheren Besitzer per se jüdischen Glaubens gewesen sein müssen. Unabhängig von der Frage, ob die Menora als Symbol des Judentums auch bei den antiken Zeitgenossen nicht-jüdischen Glaubens immer verstanden wurde – entsprechend verzierte Objekte können auch nur wegen des dekorativen Wertes bei Händlern erworben worden sein –, ist ihre Verwendung auf Alltagsgegenständen für die Beziehungen und das Zusammenleben zwischen Juden und Christen in der Spätantike sehr bedeutend. Hohen Aussagewert besitzen Grabfunde und Grabinschriften, die mit der Nennung jüdischer Namen oder Synagogen in Verbindung mit Abbildungen von Menora, Schofar (als messianisches Symbol), Etrog oder Lulaw (beides Symbole für das jüdische Laubhüttenfest) deutlich auf den jüdischen Glauben der Bestatteten hinweisen. Unter den Katakomben Roms waren einige der jüdischen Gemeinde vorbehalten, etwa die Katakomben an der Vigna Randanini. Dort haben sich zahlreiche Gräber und Grabinschriften (mehrheitlich in griechischer oder lateinischer Sprache verfasst) erhalten, die uns neben den Malereien wichtige Erkenntnisse über die jüdischen Grab- und Bestattungssitten der Antike verraten. Solche Inschriften bleiben in den nördlichen Provinzen allerdings die Ausnahme. Aus Carnuntum, dem antiken Wien, kennen wir beispielsweise zwei Inschriften, die die Verstorbenen als aus Judäa stammend ausweisen.

Zwei Öllampen aus Trier und Augsburg (Abb. 1) zeigen im Lampenspiegel das Motiv der Menora. Besonders interessant ist das Exemplar aus Augsburg, das in der Nähe der bereits erwähnten Galluskapelle und dem antiken Gebäude gefunden wurde. Es liegt nahe, im spätantiken Augsburg des 4. oder 5. Jahrhunderts eine jüdische Gemeinde anzunehmen.

Auch ein Fingerring aus dem 4. Jahrhundert (Abb. 2) von der Ausgrabung bei Kaiseraugst trägt das Motiv des siebenarmigen Leuchters, das ergänzt wird durch den Etrog, die Zitrusfrucht, und möglicherweise den Lulaw, einen Palmzweig.

Abb. 2
Fingerring mit Darstellung der Menora, 4. Jahrhundert, Zinnmessing, Augst, Augusta Raurica

Schriftquellen und Historiker des frühen Mittelalters

Ein besonderer Grabfund aus den Gebieten nördlich der Alpen ist ein Amulett aus Halbturn in Österreich aus dem 3. Jahrhundert, das einem verstorbenen Kleinkind mitgegeben wurde (Abb. 3). In einer silbernen Amulettkapsel befand sich eine zusammengerollte Goldfolie, die einen Teil des Gebets des Schema Jisrael enthielt. Der Text wurde in hebräischer Sprache, aber griechischen Buchstaben eingeprägt. Mit diesem Amulett baten die Hinterbliebenen um Schutz und Fürsorge im Jenseits für das verstorbene Mädchen. Das Judentum begegnet uns in solchen Fällen besonders deutlich als Religion der Schrift. In dem Kindergrab aus Halbturn wurde das Amulett noch als echte Grabbeigabe verwendet, später ändern sich im Juden- und Christentum die Grabsitten hin zu beigabenlosen Gräbern, was das Erkennen jüdischer Bestattungen zusätzlich erschwert. Dabei wird deutlich, dass sich im mediterranen Raum ebenso wie in den Provinzen des nördlichen und nordwestlichen Mitteleuropa auch die Bestattungssitten von Christen und Juden einander anpassten und keine auffälligen Unterschiede zeigten. Mit der Abkehr vom Opfer- zum Wortgottesdienst stehen generell deutlich weniger archäologische Quellen zur Verfügung, ganz im Gegensatz zu den heidnischen Opferreligionen und Kulten.

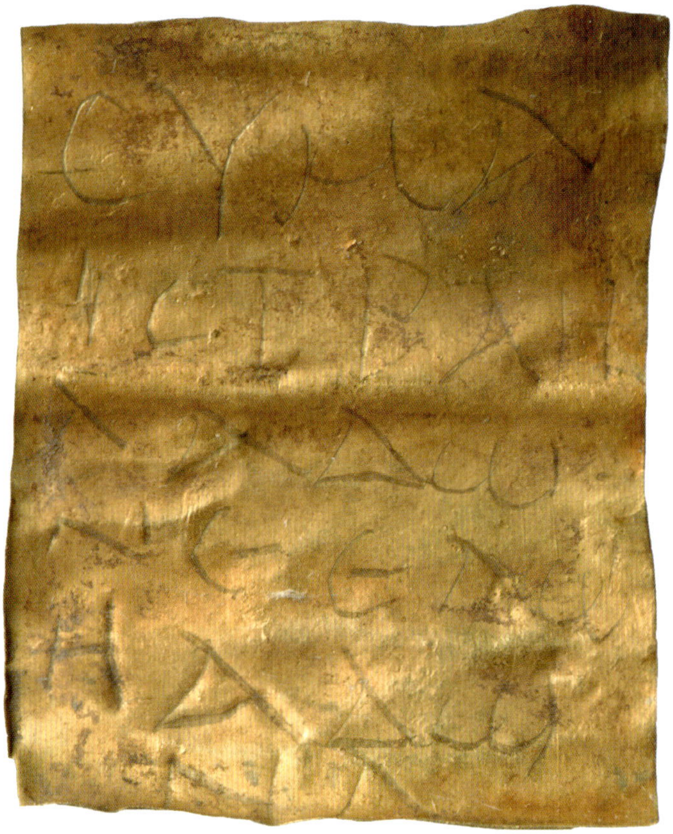

Abb. 3
Goldfolie mit dem Text des Schema Jisrael aus dem Mädchengrab von Halbturn, 3. Jahrhundert, Universität Wien, Institut für Urgeschichte und Historische Archäologie

In der Spätantike konkurrierten in den verschiedenen Teilen des Römischen Reiches zunächst noch Christentum, Judentum und heidnische Kulte. Als Theodosius I. im Jahr 380 das Christentum zur Staatsreligion erhob, führte die Bevorzugung der christlichen Religion zu Benachteiligungen von Juden, etwa bei der Besetzung wichtiger Ämter. Wie zuvor die Umwandlung heidnischer Tempel in frühchristliche und frühbyzantinische Kirchen, so dürfte bereits in der Spätantike auch die Umwandlung von Synagogen in Kirchen erfolgt sein. In dieser Umbruchszeit zeigt sich das Ende des religiösen Polytheismus der vorkonstantinischen Epoche.

Aus der Zeit des Frühmittelalters haben sich vor allem schriftliche Quellen erhalten. Verschiedene bedeutende, in römischer Tradition tätige Geschichtsschreiber der gallischen und fränkischen Provinzen belegen jüdische Gemeinden als Teile der gewachsenen städtischen Gesellschaften, etwa in Clermont, Narbonne oder in Lyon. Unter den Schriftgelehrten sind besonders Caesarius von Arles und Gregor von Tours zu nennen. Es ist bemerkenswert, dass sich in Konzilsakten, etwa im Konzil von Reims 624/625, Regelungen zum sozialen Miteinander von Juden und Christen erhalten haben – solche Regelungen waren nur dann von Relevanz und damit Thema kirchlicher Konzile, wenn es sich um überregional bedeutende Probleme handelte, die es zu regeln galt. Dazu gehörten etwa die von der Kirche betriebenen Abgrenzungen von Juden und Christen im Bemühen, ausufernde Übertritte vom Christentum zum Judentum zu unterbinden. Solche kirchlichen Erlasse spiegeln unmittelbar die von Papst Gregor I. (590–604) betriebene Politik wider, die Juden einerseits als Konkurrenten der Christen zu betrachten und auf Grundlage theologischer Erwägungen zu maßregeln und zu demütigen. Gleichzeitig ermöglichte der Papst den Konvertiten politische und ökonomische Gleichstellung. Die Ambivalenz des Verhältnisses zwischen Juden und Christen lässt sich auch an den theoretisch-theologischen Werken des Frühmittelalters erkennen, denn die Schriften der christlichen Kirchenväter orientierten sich auffällig an den wichtigen Schriften der talmudischen Halacha.

Wie bereits in der Spätantike war das Judentum auch im Frühmittelalter offensichtlich eine sehr attraktive Religion, die Menschen zum Übertritt reizen konnte. Die Quellen beschreiben wortreich dieses spannungsvolle Miteinander, wenn sie für die byzantinischen Reichsteile oder das westgotische Italien beispielsweise Repressalien wie Zwangstaufen und Ausweisungen überliefern, aber auch das Bekleiden höchster Ämter durch Juden. Das bekannteste Beispiel dafür ist der jüdische Fernhändler Isaak, der 797 Mitglied einer Gesandtschaft Karls des Großen war und 802 unter anderen Geschenken Harun ar-Rashids, des Kalifen von

Bagdad, für den Kaiser einen Elefanten namens Abul Abbas mitbrachte. In den folgenden Jahren ist für Aachen als eine der bedeutendsten Residenzstädte der Karolingerzeit eine Gruppe von ansässigen jüdischen Kaufleuten erwähnt.

Wie immer bei Traditionen stellt sich die Frage nach einer mehr oder weniger ungebrochenen Kontinuität. Noch stärker als bei der Überlieferung des frühen Christentums in den nachantiken Gesellschaften wird man bei den jüdischen Gemeinden mit Bevölkerungsrückgängen, mit Schrumpfung in den Städten und mit lokalen Diskontinuitäten rechnen müssen. Andererseits gibt es klare Zeichen, dass jüdische Traditionen in den Städten des nördlichen und nordwestlichen Mitteleuropas in nachantiker Zeit punktuell weiterlebten.

Man darf vermuten, dass die in den Quellen beschriebenen Zustände im westlichen Franken- und Karolingerreich ebenso für die Gebiete im rheinfränkischen Bereich galten, womit auch Köln und die SchUM-Städte (Speyer/Schpira, Worms/W(U)armaisa und Mainz/Magenza) erfasst wären. In welchem Umfang im nachantiken Köln Juden weiterhin Teil der fränkischen und karolingerzeitlichen Stadtgesellschaft waren und damit der zuvor beschriebenen überregionalen Situation entsprachen, entzieht sich bislang unserer Kenntnis. Allerdings lässt sich für eine Stadt wie Köln, die repräsentativ auch für andere römische Städte in den Provinzen gewesen sein muss, ein allgemeiner Niedergang städtischer Kultur und Siedlungsdichte feststellen, dem sicher auch die provinzialrömische Bevölkerung

Abb. 4
Monumental-Mikwe des jüdischen Viertels in Köln

jüdischen Glaubens unterworfen war. Ob vereinzelt Juden in Köln verblieben, ist aufgrund der Quellen nicht zu sagen. Ihre Geschichte beginnt erst wieder im Mittelalter – dies entspricht der Situation in den SchUM-Städten.

Das jüdisch-mittelalterliche Viertel in Köln

Im Bereich des römischen Statthalterpalastes, im noch heute absoluten Zentrum der Stadt, lag später das Areal des mittelalterlichen jüdischen Viertels. Die Kölner Juden siedelten im Mittelalter also neu in einem städtischen Areal, das sich zuvor in der Hand der fränkischen und karolingischen Herrscher befand. Die mittelalterliche Ansiedlung der Juden genau an diesem zentralen Ort geschah sicher nicht zufällig, sondern ist nur unter der Duldung und vermutlich auch bewussten Steuerung seitens der Stadt und des Erzbischofs vorstellbar. In Köln erfolgte demnach die bewusste Belegung neuer städtischer Areale durch die jüdische Ansiedlung. Die reiche hoch- und spätmittelalterliche Überlieferung des jüdisch-mittelalterlichen Viertels zeugt von einem regen städtebaulichen Entwicklungsprozess, der im frühen 11. Jahrhundert begann. Der erste Synagogenbau mit umgebendem Hof, eine Monumental-Mikwe (Abb. 4) sowie ein Gemeindehaus, ein Hospital und weitere Gemeindeeinrichtungen entstanden im Herzen der mittelalterlichen Stadt. Bis zur endgültigen Ausweisung der Juden im Jahr 1424 war dieses Viertel mit seinen markanten Bauten vielen Veränderungen unterworfen, aber auch den einschneidenden Zerstörungen während der Pogrome von 1096 und 1349. Gleichwohl weist diese 400-jährige Siedlungskonstanz Juden in Köln als originären Teil der mittelalterlichen Stadtgesellschaft aus.

Literatur

Ben-Sasson, Haim Hillel (Hrsg.), *Geschichte des jüdischen Volkes,* Bd. 2: *Vom 7. bis zum 17. Jahrhundert,* München 1979

Geisel, Christof, *Die Juden im Frankenreich · Von den Merowingern bis zum Tode Ludwigs des Frommen* (=Freiburger Beiträge zur mittelalterlichen Geschichte, Bd. 10), Frankfurt u.a. 1998

Gross, Raphael / Hansen, Svend / Lenarz, Michael / Rahemipour, Patricia (Hrsg.), *Im Licht der Menora · Jüdisches Leben in der römischen Provinz,* Ausstellungskatalog Jüdisches Museum Frankfurt, Frankfurt a. M. 2014

Harck, Ole, *Archäologische Studien zum Judentum in der europäischen Antike und dem zentraleuropäischen Mittelalter,* Petersberg 2014

Heil, Johannes, Zwischen Nutzen und Erniedrigung · Die Juden in der Karolingerzeit, in: *Kaiser und Kalifen · Karl der Große und die Mächte am Mittelmeer um 800,* Ausstellungskatalog, hrsg. von der Stiftung Deutsches Historisches Museum, Darmstadt 2014, S. 38–49

Herzig, Arno, *Jüdisches Leben in Deutschland,* Bonn 2010

Lotter, Friedrich, Die Juden und die städtische Kontinuität von der Spätantike zum Mittelalter im lateinischen Westen, in: *Juden in der Stadt,* hrsg. von Fritz Mayrhoffer und Ferdinand Opll, Linz/Donau 1999, S. 21–79

Noehtlichs, Karl Leo, *Die Juden im christlichen Imperium Romanum (4.–6. Jahrhundert),* Berlin 2001

Schieffer, Rudolf, *Die ältesten Judengemeinden in Deutschland* (=Nordrhein-Westfälische Akademie der Wissenschaften und Künste, Geisteswissenschaften, Vorträge, G 450), Paderborn 2015

Toch, Michael, *Dunkle Jahrhunderte: Gab es ein jüdisches Frühmittelalter?,* Arye-Maimon-Vortrag an der Universität Trier, 15. November 2000, Trier 2001

DER AMSTERDAM MACHSOR

Von Helmut Fußbroich

Ein Machsor (Wiederholung im Sinne eines (Jahres-) Zyklus) ist ein Gebetbuch für den Gottesdienst am Schabbat und an Feiertagen. Neben den entsprechenden Liturgien, gelegentlich auch mit deren Interpretationen, finden sich in den Machsorim, so der Plural von Machsor, auch Werke der synagogalen Dichtkunst (Pijjutim), Spruchsammlungen und Segenstexte. Seine äußerst aufwendige künstlerische Ausstattung machte den Machsor zu einem singulären, aber auch teuren Schatz. Weil die Gemeinden die hohen Kosten nicht übernehmen konnten, stifteten wohlhabende Gemeindemitglieder die Handschrift und blieben auch Eigentümer; am Vorabend der Feiertage brachten sie den Machsor zur Synagoge.

Gemeinsam konnten das Joods Historisch Museum in Amsterdam und das MiQua – LVR-Jüdisches Museum im Archäologischen Quartier Köln im Jahr 2017 den hochberühmten »Amsterdam Machsor« erwerben. Dabei wurden sie großzügig von privaten Spendern sowie Sponsoren aus Wirtschaft und Kultur unterstützt. Die 475 × 340 × 70 mm große Handschrift ist um 1250 in Köln geschaffen worden. Text- und Bildträger sind 331 aus Kalbshäuten gewonnene, beidseitig beschriebene Pergamentblätter. Der Einband, zwei mit Leder überzogene Holztafeln, die mittels zweier metallener Schließen über den Vorderschnitt hinweg verbunden werden, schützt den Codex. Bislang konnten weder der Auftraggeber noch der Schreiber identifiziert werden. Letzteren als »Schreiber« zu bezeichnen ist angesichts des Erscheinungsbildes und der künstlerischen Qualität eines jeden Blattes eine nicht entschuldbare Untertreibung: Der begnadete Künstler ließ einzelne Worte und Buchstaben von farbenprunkenden, feingliedrigen Lineamenten schwungvoll umtanzen. Worte, die neue Sinnschritte (Paraschot) einleiten, bettete er auf Goldgrund, um sie für den Chasan, den Vorbeter, augenfällig zu machen.

All dieser großartige Schmuck gilt dem Lobpreis Gottes.

Amsterdam Machsor, fol. 58v, Pergament, Köln um 1250, Amsterdam, Joods Historisch Museum und Köln, MiQua – LVR-Jüdisches Museum

MATTHIAS SCHMANDT

Jüdisches Leben am Rhein im Mittelalter – und was in der Nachbarschaft von Christen alles geschehen kann

Als im Spätwinter 1766 alle öffentlichen Plätze Wiens Trauer trugen, weil der Kaiser verstorben war, da erklang aus dem Judenviertel plötzlich fröhliche Musik, Hörner wurden geblasen und Glockenspiele angeschlagen: Man beging nach alter jüdischer Tradition das Purim-Fest im Viertel, ausgelassen und karnevalesk wie immer, und erwies sich dadurch – jedenfalls in der Wahrnehmung irritierter Zeitgenossen und der Obrigkeit – einmal mehr als merkwürdig störender Fremdkörper inmitten der Stadt. Dieses vermeintlich pietätlose Treiben hinter den Mauern des Judenviertels war den Christen natürlich nicht verborgen geblieben, dafür aber sein eigentlicher Sinn, und selbstverständlich hatte es Folgen: alle Teilnehmer wurden mit empfindlichen Geldstrafen belegt.

Gewiss, diese Szene stammt nicht aus dem Mittelalter, und sie begab sich auch nicht am Rhein, sondern an der Donau. Und doch eignet sie sich trefflich als Einstieg ins Thema: wird hier doch schlaglichtartig erkennbar, wie der von Juden und Christen gemeinsam beanspruchte urbane Raum mit den je nach Religionszugehörigkeit seiner Bewohner unterschiedlichen Nutzungen und Ritualen (nicht nur) in der Vormoderne gleichermaßen Gemeinschafts- wie Fremdheitserfahrungen vermitteln konnte – und wie umstritten die Einschätzung sein konnte, welches Verhalten wann und wo »richtig« oder »falsch« war. Erfahrungen wie in Wien hat man auch im mittelalterlichen Köln gemacht. Ein Altstadtquartier in bester Lage, zwischen den Marktgelegenheiten am Rhein (Alter Markt) und der Hauptverkehrsachse für Handel und Wandel (Hohe Straße) in der Kölner Innenstadt, war lange Zeit ein vornehmlich von Juden geprägter Ort: Hier erstreckte sich ein geschlossenes Ensemble von Gemeindeeinrichtungen – Synagoge, Frauenschule, Mikwe, Hochzeitshaus, Hospital und Backhaus –, hier lebte, stritt und feierte man nach jüdischem Brauch auch öffentlich auf den Höfen und Plätzen, hier standen auch die Wohn- und Geschäftshäuser der Juden eng beieinander. Bis ins 14. Jahrhundert hinein lebten dennoch auch Christen Haus an Haus mit jüdischen Nachbarn – in ihrem unmittelbaren Wohnumfeld indes waren sie, die zum Beten nicht in die Synagoge, sondern in die christliche Laurenz-Kirche nahebei gingen, die Minderheit.

Ein wenig versteckt im Judenviertel lag auch das Rathaus von Köln – »inter judeos«, »unter den Juden«, wie das »Haus, in dem die Bürger zusammenkommen« schon im 12. Jahrhundert denn auch trefflich verortet wurde. Nach 1300, als außer dem Rathaus kein weiterer Grundbesitz von Christen mehr dokumentiert ist, wurde das Viertel gar exklusiv durch das jüdische Gemeindeleben geprägt. Damals erwog der Rabbiner Alexander Süßkind, ob man nicht das ganze Quartier wie ein einziges jüdisches Haus behandeln und an allen Eingängen

Blick in die Ausstellung »Der Amsterdam Machsor – Ein Schatz kehrt heim«, Köln, Wallraf-Richartz-Museum & Fondation Corboud, 24.09.2019–12.01.2020

des Quartiers Mesusot, Gebetstexte für die Türpfosten, anbringen sollte – so wenig schien das Haus der (christlichen) Bürger ins Gewicht zu fallen. Man nahm davon Abstand, die Durchlässigkeit der Tore des Judenviertels jedoch, die auch den Zugang zum Rathaus ermöglichten, wurde durch den Gemeindevorstand streng reguliert. Die Stadtväter pochten dagegen auf ein Mindestmaß an Öffnung – auch, um das Marktgeschehen in der benachbarten Rheinvorstadt nicht zu behindern: Es wurde vertraglich festgelegt, welche Tore wo, wann und wie tagsüber so offen zu halten waren, »dass man mit geladenem Wagen mit Gemach hindurchfahren« könne. Und die abendliche Abschließung des Judenviertels sollte ganz unterbleiben, wann immer die Ratsherren in ihrem Haus noch zu nachtschlafender Zeit über das Wohl der Stadt berieten…

Zunehmend jedoch wurde es eine Frage der Sicherheit, dass man im Judenviertel Wert auf Abschottung legte: Um 1340 heißt es, die Ausgänge seien so zu verschließen, »dass man hindurch weder sehen noch schießen oder stechen kann.« Als nach dem Pogrom vom 23. August 1349 endlich, im Jahr 1372, wieder Juden nach Köln zogen, vermochte diese zweite Gemeinde kaum mehr bleibende Spuren im öffentlichen Raum zu hinterlassen. Die nach umfassender Kontrolle über die Stadt strebende Ratsobrigkeit ließ die Juden durch diffamierende Vorschriften nun deutlich spüren, dass sie, die Ratsherren, jetzt die Herren im Quartier waren, das sich vom Juden- zum Rathausviertel wandelte: höchstens zu dritt durften die Juden sich noch auf der Straße blicken lassen, wenn der Rat tagte. Dann, nach der Vertreibung, der Triumph: Die Synagoge wurde – die perfide Wahl des Patroziniums sprach für sich – zur Ratskapelle St. Maria in Jerusalem, und wo sich einst die Tora-Nische befunden hatte, breitete sich nun Stefan Lochners Altar der Stadtpatrone aus.

Die Geschichte des Kölner Judenviertels steht damit exemplarisch für die Geschichte der rheinischen Judengemeinden des Mittelalters überhaupt, die stets geprägt war von einem vielgestaltigen Mit-, Neben- und Gegeneinander zwischen Juden und Christen in den überschaubaren Dimensionen der Städte. Unter solchen Rahmenbedingungen vermochte sich ein breites Spektrum von Spielarten des Abschließens und Öffnens einerseits sowie der Ent- und Ausgrenzung andererseits zu entfalten, wobei freilich die christliche Mehrheitsgesellschaft mit ihren Herrschaftsträgern im Zweifelsfall jederzeit die jüdische Minderheit dominieren konnte. Dabei hat sich nirgendwo nördlich der Alpen städtisches Leben mitsamt seiner christlich-jüdischen Nachbarschaft bruchlos seit spätantiken Anfängen bis ins Mittelalter fortentwickelt. Auch Köln erlebte ›dark ages‹ im Frühmittelalter, und es gab keine Siedlungskontinuität von jüdischen Gemeinden seit dem Jahr 321 bis zu neuerlichen Belegen für jüdisches Leben erst sieben Jahrhunderte später. Man wird für die Zwischenzeit allenfalls mit vorübergehender Anwesenheit rechnen dürfen, auch mit vereinzelten Kontakten etwa der Könige zu jüdischen Gelehrten und/oder zu welterfahrenen Fernhändlern schon vor der Jahrtausendwende. Damals waren Juden in größerer Zahl zunächst wohl nur in mediterranen Gefilden beheimatet: vor allem in Italien und dort hauptsächlich in der Kapitale Rom selbst hatten Gemeinden überdauert, aber auch auf der Iberischen Halbinsel und in der Provence. In der Romania lag also das Potenzial für die Zuwanderung von Juden auch in das nordalpine Reich. Allerdings sind die entscheidenden Impulse für ihre Ansiedlung in ottonischer Zeit kaum von den Königen selbst ausgegangen – obwohl die Geschichte der Juden im Mittelalter noch immer gern als die der »kaiserlichen Kammerknechte« erzählt wird, deren Wohl und Wehe ganz vom (zumeist fernen) Reichsoberhaupt abhängig gewesen sei. Tatsächlich waren lokale Kräfte in der Regel bedeutsamer für die Entfaltung und Gestaltung jüdischen Lebens vor Ort, das zunächst vornehmlich auf die alten Römerstädte an Rhein und Mosel beschränkt blieb. Es waren folglich Bischöfe, die im Rahmen ihrer um die Jahrtausendwende verstärkt einsetzenden Bemühungen um die Kathedralstädte auch für die Ansiedlung von Juden sorgten: Bis ins späte 11. Jahrhundert hinein hören wir von Judenschaften nur aus Metz, Trier, Köln, Mainz, Worms, Speyer, Regensburg und Prag, vorübergehend auch aus Magdeburg und Merseburg. Um aus dem Dorf (villa) eine Stadt (urbs) zu machen und zur Vermehrung des Ansehens (honor) dieser Stadt habe er Juden nach Speyer gerufen – so heißt es in der berühmten Urkunde Bischof Rüdiger Huozmans für die Juden seiner Kathedralstadt aus dem Jahr 1084. Juden waren damals, als es Städte nördlich der Alpen praktisch noch gar nicht gab, die ersten Träger urbaner Lebensform überhaupt; ihre Anwesenheit trug maßgeblich dazu bei, eine Bischofsstadt in ein kulturelles und wirtschaftliches Zentrum zu verwandeln. Zunächst und wohl spätestens Ende des 10. Jahrhunderts ist ihre Anwesenheit für Mainz anzunehmen. Vielleicht waren es Mitglieder der ursprünglich in Rom und Süditalien beheimateten Gelehrtenfamilie der Kalonymiden, auf die das jüdische Magenza zurückgeht: Dies jedenfalls ist die Aussage einer seit dem 13. Jahrhundert nachweisbaren Gründungslegende. Kaum jünger als Mainz dürfte das jüdische Worms sein, das seit dem 11. Jahrhundert durch zahlreiche familiäre Verbindungen mit den Mainzern in Beziehung stand. Auch die Gründung der Speyrer Judengemeinde durch das schon erwähnte Privileg von 1084 erfolgte durch abzugswillige Juden aus Mainz. In allen drei Gemeinden blieb übrigens bis ins 13. Jahrhundert hinein der Einfluss der alten Gelehrtenfamilie

Kalonymos von einiger Bedeutung. Weitgehend unabhängig von den nah beieinander gelegenen mittelrheinischen Kathedralstädten Speyer, Worms und Mainz dürften indes die jüdischen Gemeinden von Köln und Trier entstanden sein. Aus diesen beiden Judenschaften, so bedeutend sie um das Jahr 1000 ebenfalls schon gewesen sind, fehlen frühe Dokumente überragender jüdischer Gelehrsamkeit, wie sie in großer Zahl aus den SchUM-Gemeinden überliefert sind (das Kürzel ist aus den hebräischen Bezeichnungen Schpira, W(U)armaisa und Magenza für Speyer, Worms und Mainz gebildet) und so deren Ruf in der jüdischen Welt begründet haben. Dafür wird in Köln die frühe Bedeutung der Juden im überregionalen Handel besonders deutlich erkennbar: Hier trafen sich während der Messen regelmäßig die führenden Vertreter der Gemeinden. Noch war das Wirtschaftsleben der Städte nicht durch Korporationen streng reguliert und jüdische Geschäftstätigkeit infolgedessen nicht auf die Geldleihe beschränkt. Überall in den Bischofsstädten, die ja zu ›Mutterstädten‹ der mittelalterlichen Urbanisierung schlechthin wurden, siedelten die Juden in bester Stadtlage: marktnah, zentral und oft in nur geringer Entfernung zum Dom.

Von den Kathedralstädten aus nahm die jüdische Siedlungsgeschichte nach 1100 dann eine über zweieinhalb Jahrhunderte währende Entwicklung, die in der ersten Hälfte des 14. Jahrhunderts ihren Höhepunkt erreichen und so eine beinahe flächendeckende Besiedlung der weiteren Rhein- und Mosellande mit sich bringen sollte: zunächst, bis zum Ende des 13. Jahrhunderts, hauptsächlich entlang der wirtschaftlich und verkehrsgeografisch attraktiven Flussläufe und unter merklicher Bevorzugung von königsnahen Orten, schließlich aber – nach 1300 – auch im ›flachen Land‹, in kleineren Amtsstädten und selbst in entlegenen Herrschaftsgebieten. Während die nah beieinanderliegenden SchUM-Städte aber jeweils nur kleinere Gebiete ›kolonisierten‹, wurde Köln die jüdische ›Mutterstadt‹ für das gesamte nordwestliche Reichsgebiet im Raum zwischen Nordsee und Weser. Ihren unmittelbaren Niederschlag fand übrigens die Zentralität einer Gemeinde im Einzugsbereich ihres Friedhofs: So weit wie die Autorität eines Rabbiners reichte, so weit sollte auch der Friedhofsbezirk eines Zentralorts bemessen sein. Friedhofsgemeinden blieben daher rar gesät; selbst dort, wo Juden im 15. Jahrhundert vertrieben worden waren, wie zum Beispiel in Speyer, blieb der örtliche Friedhof weiter in Nutzung. Allerdings achteten die rabbinischen Autoritäten der großen Gemeinden auch auf ihre Autonomie und verwahrten sich immer wieder gegen Zentralisierungstendenzen. So wollte die vom Binger Rabbi Seligmann 1454 initiierte ›rheinische Synode‹ liturgische Regelungen für ganz Aschkenas auf den Weg bringen – und scheiterte am Widerstand der Gelehrten vom Niederrhein.

Die äußerst dynamische jüdische Siedlungsentwicklung des 12. bis 14. Jahrhunderts war die Summe tausendfacher individueller Wanderungen, die Folge von ›freiwilligen‹ und ›erzwungenen‹ Ortswechseln, von vorübergehenden und dauerhaften Verlagerungen des Lebensmittelpunkts einzelner Juden über Zeiten und Räume hinweg. Jüdisches Leben im Mittelalter war in der Tat geprägt von der Erfahrung des Unterwegsseins. So ließ sich zum Beispiel für die Kölner Judengemeinde der Jahre 1372 bis 1424 ermitteln, dass lediglich sieben von 104 Steuerzahlern ihren Wohnort kontinuierlich über mindestens drei Jahrzehnte hinweg in der Domstadt beibehielten. Knapp 45 Prozent, also fast die Hälfte aller Kölner Juden, blieben indes nur für maximal fünf Jahre. Für sie war Köln eine Durchgangsstation – wie andere Städte ihres Lebens-Wegs auch. Dabei gilt für das Migrationsverhalten der rheinischen Juden im Allgemeinen: ihre Wanderwege waren im Wesentlichen beschränkt auf die Region; man blieb im Lande – allen Widrigkeiten zum Trotz und fürs Erste selbst dann noch, als nach der Mitte des 13. Jahrhunderts in immer kürzeren Abständen Verfolgungen über die rheinischen Juden hereinbrachen. Zwar gab es Ausnahmen, die in spektakulären Einzelfällen auch dokumentiert sind; so zum Beispiel 1286, als Juden aus Mainz, Speyer und Oppenheim angesichts fortwährender Pogromstimmung ihre Hoffnungen auf messianische Erlösung in Palästina richteten und über das Meer zogen – gegen den entschiedenen Widerstand des Königs, der den

Der reich illuminierte Amsterdam Machsor, Köln um 1250, Amsterdam, Joods Historisch Museum und Köln, MiQua – LVR-Jüdisches Museum religiösen Mentor dieser Bewegung, Meir von Rothenburg aus Worms, gerade noch rechtzeitig auf seinem Weg über die Alpen inhaftieren ließ.

Bedroht indes war jüdisches Leben tatsächlich von Anfang an. Jeder Karfreitag mit seiner judenfeindlichen Liturgie, jedes Krisenereignis in den an Hunger-, Kriegs- und Naturkatastrophen nicht eben armen Zeitläuften barg die Gefahr, dass angestaute Angst, Wut, Aggression und Ohnmachtserfahrungen sich in Gewalt gegen jene Minderheit entluden, die manchem dann plötzlich viel fremder erscheinen mochte als all die Jahre zuvor. Freilich waren Juden auch durch eine Vielzahl an Alltagskontakten, Freundschaften und Geschäftsbeziehungen mit ihren christlichen Mitbürgern verbunden. Stand etwa der Feind außerhalb der Stadt, dann saß man buchstäblich im selben Boot: Überall hatten die Juden einen Teil der Stadtbefestigung im Kriegsfall zu verteidigen, und ein rabbinisches Responsum aus Worms von 1201 stellte unmissverständlich klar, dass solcher Bürgerpflicht selbst am Schabbat nachzukommen war. Unter derartigen Rahmenbedingungen war es immerhin die Ausnahme, dass es zu schweren Pogromen gegen Juden kam. Die Kölner Gemeinde blieb zwischen 1096 und 1349, also 250 Jahre lang, davon verschont. Wenn sich daher die jüdische Geschichte des Mittelalters auch kaum angemessen als eine bloße Geschichte von Verfolgung und Vertreibung beschreiben lässt, so waren Übergriffe doch potenziell immer denkbar, und die Pogrome blieben in der Erinnerungskultur der Gemeinden auch stets präsent. Dies gilt zunächst für die Ereignisse im Zusammenhang mit dem Ersten Kreuzzug, als Horden von fanatisierten milites Christi den Rhein entlang zogen und hier schon – nicht erst im fernen Palästina – ihre Kampfkraft an den ›Ungläubigen‹ erproben wollten. Die jungen Gemeinden der Bischofsstädte fielen dem Mordbrennen vollständig zum Opfer; 1300 Tote soll es allein in Mainz gegeben haben, wobei es vielfach die angegriffenen Juden selbst waren, die sich und ihren Angehörigen (aus noch immer nicht bis ins Letzte geklärten Gründen) »zur Heiligung des göttlichen Namens« selbst den Tod gaben. Auch im Herbst 1146, beim Aufbruch zum Zweiten Kreuzzug, riefen skrupellose Wanderprediger wieder zum Mord an den »Christusmördern« auf. Damals versuchte Bernhard von Clairvaux dem Treiben Einhalt zu gebieten, indem er auf die heilsgeschichtliche Bedeutung der Juden verwies: An ihnen sollte doch dereinst die Überlegenheit des Christentums sichtbar werden, wenn am Ende der Tage alle Israeliten gewiss bekehrt würden. Wie sollte dies denn aber noch geschehen, wenn man jetzt schon alle Juden erschlüge? Das war die klassische, auf Augustinus zurückgehende theologische Lehrmeinung über die Juden. Im Gefolge Bernhards brachte damals auch Hildegard von Bingen eine ihrer ersten Visionen in Umlauf, die sehr bildmächtig genau diese Verheißung in Szene setzte. Nach solchen theologischen Spitzfindigkeiten stand den enthemmten Judenmördern allerdings kaum der Sinn – weder damals, als etwa in Bacharach drei Juden erschlagen wurden, noch später am Karfreitag 1287, als (zuerst erneut in Bacharach) die Legende in Umlauf gebracht wurde, die Juden von Oberwesel hätten einen jungen Mann, den »guten Werner«, grausam zu Tode gemartert; ein solcher »Ritualmord« aber stehe ganz im Zeichen der Kreuzigung Christi, die von den Juden noch immer stets aufs Neue wiederholt werde. Gegen das verbreitete Judenmorden, das sich anschloss, half kein Ruf zur Besonnenheit, wie er damals etwa vom Mainzer Erzbischof zu vernehmen war. Schule machte vielmehr das Vorbild des Pfarrers vor Ort, in Bacharach, der offenbar ganz gezielt und in Zusammenarbeit mit dem Pfalzgrafen bei Rhein »Ritualmord« und Pogrom inszeniert hatte. Freilich sollten solche lokalen oder regionalen Verfolgungen nur das düstere Vorspiel jener flächendeckenden Pogromwelle der Jahre 1347 bis 1349 bilden, die den tiefsten und schlimmsten Einschnitt in der mittelalterlichen Geschichte der Juden überhaupt darstellte. Es sollte mitunter Jahrzehnte dauern, ehe Juden zurückkehrten in die großen, alten Zentren, denen sie einst zum urbanen Durchbruch verholfen hatten. Erst 1372 entstand eine neue Gemeinde in Köln, die jedoch in keiner Weise mehr an ihren großen Vorläufer heranreichen sollte. Zuvor hatte es zwei Jahrzehnte lang keine Juden in Köln gegeben, was bis dato seit Menschengedenken niemand erlebt hatte. Man stellte fest, dass ihre Anwesenheit nicht selbstverständlich war und stets zur Disposition stand – und dass überdies das gesteigerte Schutzbedürfnis der Rückkehrer eine neue Einnahmequelle verhieß. Gutes Geld hatten Stadt und Erzbischof nach 1349 schon mit dem Verkauf der Judenhäuser verdient; jetzt gab kaum einer der neuen Besitzer den wertvollen Immobilienbesitz im Herzen der Stadt an die ehemaligen Eigentümer zurück. Nurmehr auf Mietbasis und für begrenzte Zeit zogen die meisten Juden wieder in ›ihr‹ Viertel ein. Längst war ihre Erwerbsgrundlage auf die – übrigens zu allen Zeiten auch von Christen, ja: selbst von Klöstern ausgeübte – Geldleihe beschränkt. Meist waren es Kleinkredite, oft gegen Pfand, für die man wohl mit ähnlicher Selbstverständlichkeit ›zum Juden‹ ging (oder auch ›zur Jüdin‹, denn Frauen waren wirtschaftlich sehr aktiv und häufig selbstständig), wie man heute sein Girokonto überzieht. Leider hat dieses ›Alltagsgeschäft‹ aber kaum Spuren in den Quellen hinterlassen; nur aus Bingen 1426/1427 hat sich eine Liste erhalten, die anscheinend all die kleinen Verbindlichkeiten aufführt, mit denen Christen bei ihren jüdischen Nachbarn in der Kreide standen. Und doch: Noch immer tätigten auch nach 1372 einzelne Kölner Juden Geschäfte in großem Stil; so hatte etwa die Herzogin von Berg sogar ihre Krone bei Kölner Juden versetzt. Regelmäßig konnten aus solchen ›politischen‹ Geschäften Unannehmlichkeiten erwachsen. Denn vielfach wurde die Stadt Köln in Fehden verwickelt, weil die Gläubiger sich letztlich übervorteilt sahen. Und überdies bot auch die von den Erzbischöfen beanspruchte Oberhoheit über die Kölner Juden Gelegenheit für unliebsame Einmischungen des ansonsten ja glücklich aus der Stadt (nach Bonn) vertriebenen Kurfürsten in bürgerliche Angelegenheiten. Solche Erwägungen haben eine Rolle gespielt, als der Kölner Rat 1424 schließlich zur Ausweisung der Juden schritt. Unter den zahlreichen Vertreibungsgründen, die man später dem (um seine Steuereinnahmen fürchtenden) Kaiser gegenüber nannte, verwies man jedoch lieber auf die »Heiligkeit« Kölns, die sich kaum mit der Anwesenheit von Juden in der Stadt vertrüge.

Straßburg hatte den Anfang gemacht, dort waren die Juden schon 1390 vertrieben worden. Noch im selben Jahr zog der Pfalzgraf bei Rhein nach und eröffnete den Reigen auch der territorialen Judenvertreibungen, der die jüdische Geschichte des 15. Jahrhunderts prägen sollte. 1418 war Kurtrier an der Reihe, 1438 vorübergehend auch die Stadt Mainz. Lediglich in Worms, auch in Frankfurt, dort aber seit 1462 verbannt in die ghettoartige Judengasse, und vermutlich auch in Bingen hielten sich jüdische Gemeinden in ihren angestammten Siedlungsorten kontinuierlich bis zu ihrer bestialischen Auslöschung im 20. Jahrhundert. Die große Zeit des rheinischen Judentums war indes vorbei; viele Juden siedelten sich seit dem 15. Jahrhundert in dörflichen Niederlassungen im ganzen Reichsgebiet an; manch einer zog auch nach Norditalien oder in Gebiete östlich der Reichsgrenze, wo viele Traditionen des rheinischen Judentums schließlich die Jahrhunderte überdauerten.

JÜDISCHE KULTBAUTEN UND IHRE AUSSTATTUNG

Von Helmut Fußbroich

Mit Kult wird die Gesamtheit religiöser Handlungen bezeichnet. Für die kultischen Vollzüge gibt es jeweils festgelegte Ausdrucksformen, Liturgien, für die Orte bzw. Räume architektonisch gestaltet werden.

DIE MIKWE

Um die rituell gebotene Reinheit zu erlangen, muss ein Bad in der Mikwe (Becken, Brunnen) genommen werden. Anlässe für das Aufsuchen der Mikwe können die Menstruation, die bevorstehende Hochzeit oder das Berühren einer Leiche sein. Auch Männer müssen, wenn sie gegen ein Gebot (Mizwa) verstoßen haben, die Mikwe aufsuchen. Das Bad ist nur gültig, wenn der gesamte Körper einschließlich der Kopfhaare ohne körperfremde Dinge wie Schmuck oder Haarspangen unter den Wasserspiegel getaucht worden ist. Weil das Tauchbad in frischem, also fließendem Wasser genommen werden muss, wurden bis in die Neuzeit tiefe Schächte ausgehoben, um an das Grundwasser zu gelangen. Ein anschauliches Beispiel bietet die 1956 freigelegte mittelalterliche Mikwe Kölns mit ihrem 16 Meter tiefen Schacht. In dieser Tiefe war garantiert, dass auch bei denkbar niedrigstem Grundwasserspiegel das Tauchbad möglich war.

Die mittelalterliche Kölner Mikwe

Bis ins 19. Jahrhundert wurde für das Bad ein eigenes Bauwerk errichtet, seither ist die Mikwe integrierter Bestandteil eines mehrteiligen Synagogen-Komplexes.

DIE SYNAGOGE UND IHRE LITURGISCHE AUSSTATTUNG

Der jüdische Gottesdienst kann grundsätzlich in jedem Raum, auch in einem Privatraum, gefeiert werden, wenn die Mindestanzahl, der Minjan (Zahl), von zehn religionsmündigen männlichen Teilnehmern gegeben ist. Nach der im 19. Jahrhundert vorgenommenen Reform werden auch Frauen mitgezählt. Der Minjan bewirkt die Gegenwart der Schechina, der Einwohnung Gottes.

Die Synagoge ist der Ort, an dem die Tora gelesen wird. Der Begriff »Synagoge« (Versammlung) zur Benennung jüdischer Gebetsräume stammt aus der griechischen Übersetzung des Alten Testaments; ihre hebräischen Namen lauten Bet ha-Knesset (Haus der Versammlung) oder auch Bet ha-Tefilla (Gebetshaus).

Innenansicht der Kölner Synagoge in der Glockengasse, Chromolithografie von J. Hoegg nach einem Aquarell von Carl Emanuel Conrad, um 1861, Kölnisches Stadtmuseum

Männer und Frauen beteten bis ins 18. Jahrhundert in getrennten, nebeneinander liegenden Räumen. Eine Wandöffnung ermöglichte es, synchron beten zu können, verhinderte aber wegen ihrer hohen Lage den Sichtkontakt. Mit dem Einzug von Emporen für die Frauen konnten nunmehr alle Menschen jüdischen Glaubens ohne räumliche Trennung am Gottesdienst in der Synagoge teilnehmen.

Das Erscheinungsbild der Synagogen unterschied sich zunächst nicht von den Bauten des nichtjüdischen Umfelds. Als im 19. Jahrhundert wegen der Landflucht auch die jüdische Bevölkerung in die Städte zog, wurden größere Synagogen gebraucht. Zudem sollten andere architektonische Formen die Eigenständigkeit des Judentums betonen. Die Kölner Synagogen-Gemeinde entschied sich für den ›neo-islamischen‹ Baustil mit seinen Kuppeln und Rundfenstern als Ausdruck der orientalischen Herkunft des Judentums. Die von dem Stadt- und Dombaumeister Ernst Zwirner errichtete Synagoge in der Stadtmitte gehörte bis zu ihrer Auflassung und der folgenden Niederlegung 1939 zu den architektonischen Kleinodien Kölns.

DIE LITURGISCHE AUSSTATTUNG

Stationen des Gottesdienstes sind die Tora-Lesung, Gebete, Hymnen, Segnungen und Unterweisung. Der jüdische Gottesdienst ist traditionell ein reiner, in hebräischer Sprache gehaltener Wortgottesdienst – reformierte Gemeinden feiern ihn auf Deutsch. Geleitet wurde er über die Jahrhunderte von dem Vorbeter, dem Kantor. An dessen Stelle ist heute der Rabbiner getreten, der zugleich geistlicher Leiter der Gemeinde ist. Der Rabbiner bzw. die Rabbinerin hat ein abgeschlossenes Studium der Judaistik und bedarf keiner sakral überhöhten Ordination.

DIE TORA

Die hebräische Bibel, der Tanach, enthält drei Textgruppen: die Tora (Lehre, Unterweisung), Newi'im (die Prophetenbücher) und die Ketuwim genannten Schriften. Aus den Anfangsbuchstaben der Namen dieser drei Textgruppen ist das Akronym gebildet worden: TaNaKh (gesprochen Tanach).

Die Tora gilt im Judentum als das von Gott geoffenbarte Buch und somit als die Heilige Schrift des Judentums. Sie umfasst die fünf Bücher Mose (Pentateuch, griech. Fünfband): Be-reschit (Genesis), Schemot (Exodus), Wa-jikra (Levitikus), Be-midbar (Numeri) und Dewarim (Deuteronomium).

Als geistige wie liturgische Mitte des Gottesdienstes wird die Tora in vielfältiger Weise besonders hervorgehoben. Deshalb wird sie von einem eigens dafür ausgebildeten Tora-Schreiber, dem Sofer, von Hand auf Pergament geschrieben. Um den auf zwei Holzstäben aufgerollten Text zu schützen, wird die Tora mit dem kostbar geschmückten Tora-Mantel (Me'il) umhüllt.

Die der Tora gebührende Verehrung drückt sich auch in den beigegebenen Schmuckelementen aus: der Keter Tora (der Krone der Tora), den Rimonim (den Granatäpfeln) und dem Tas (dem Tora-Schild).

Bekrönt wird die Tora-Rolle von einer Krone (Keter Tora) und/oder den Rimonim. Diese werden auf die beiden, aus dem Tora-Mantel herausragenden Holzstäbe aufgeschoben. Die kleinen Glöckchen der turmartig aufgehenden Rimonim richten die Aufmerksamkeit auf die Tora, wenn sie vor und nach der Lesung durch die Synagoge getragen wird. Das der Tora umgehängte silberne bzw. vergoldete Tora-Schild (Tas) zeigt stets das Bild der von aufsteigenden Löwen gehaltenen Keter Tora. Die Löwen sind Symbol des Stammes Juda und damit des Judentums. Daneben werden oft die Gesetzestafeln (Mazzewa) gezeigt. Zwei Säulen erinnern an die beiden Säulen, die vor dem Tempel Salomos standen. Ihre Namen Joachin, »Ich (Gott) werde auferstehen«, und Boas, »In ihm (Gott) ist Stärke«, sind theologische Aussagen über Gott. An vielen Tora-Schilden können Täfelchen eingesetzt werden, welche die Namen der aktuellen Festtage anzeigen.

Tora-Rolle, Pergament, 1828, Paris, Bibliothèque de France

Tora-Krone, Silber, um 1780, Wien, Judaika-Sammlung Max Berger

Rimonim, Silber, teilvergoldet, getrieben, gegossen und ziseliert, Nürnberg, Mitte 19. Jahrhundert, Kölnisches Stadtmuseum

Tora-Schild, Silber, teilweise vergoldet, Wien, Judaika-Sammlung Max Berger

Der Tora-Text darf nicht berührt werden. Um dennoch bei der gottesdienstlichen Lesung den Worten bzw. den Zeilen folgen zu können, werden die Buchstaben fortlaufend von den Lesenden mit einem metallenen Stab, dem Jad (Weiser, Zeiger), angezeigt. Seine Aufgabe verbildlicht an seinem unteren Ende die Wiedergabe einer rechten Hand mit gestrecktem Zeigefinger.

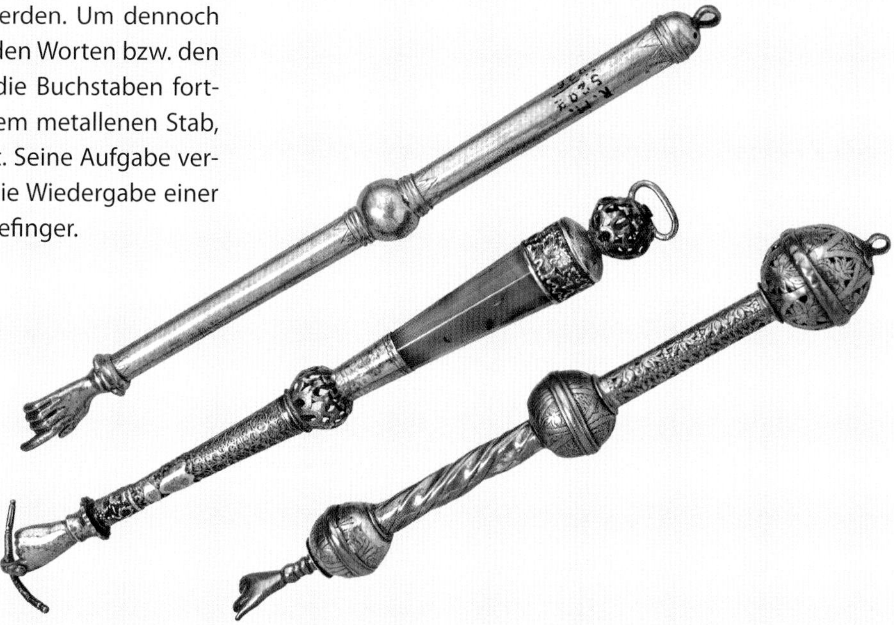

Tora-Zeiger
Oben: Silber, vergoldet, gegossen, graviert, Johannes Dick, Köln, 1. Viertel 18. Jahrhundert
Mitte: Silber, gegossen, Achat, Deutschland (?), um 1800
Unten: Silber, Messing, versilbert, getrieben, gegossen, graviert, Polen (?), 2. Hälfte 18. Jahrhundert; alle Kölnisches Stadtmuseum

Aron ha-Kodesch, Tora-Schrein der Synagoge Gelnhausen (Hessen), 18./19. Jahrhundert

DER ARON HA-KODESCH

Aufbewahrt wird die Tora im Aron ha-Kodesch, in der Heiligen Lade, so wie einst die Gesetzestafeln in der Heiligen Lade, der sogenannten Bundeslade, aufbewahrt worden sind.

Die von einer aufwendig gestalteten Architektur gefasste Lade sollte möglichst vor der Ostwand der Synagoge stehen, entsprechend der nach Jerusalem orientierten Gebetsrichtung (Misrach). Innerhalb des Schreins werden die stehenden Tora-Rollen durch einen kostbar verzierten Vorhang (Parochet) dem Blick entzogen.

DAS EWIGE LICHT

Nahe der Heiligen Lade macht das von einer Ampel gehaltene Ewige Licht (Ner Tamid) auf die Heiligkeit des Ortes aufmerksam. Seitlich steht ein kleines Pult für den Chasan (Kantor, Vorbeter) bereit.

DIE BIMA

Die Bima (Bühne), auch Almemor (Kanzel) genannt, hat ihren Ort auf der Raumachse nahe den Gläubigen. In der Mitte der meist zweistufigen und von einer Brüstung umsäumten Bima steht ein großflächiges Pult (Schulchan) bereit, um der zur Lesung ausgerollten Tora-Rolle genügend Platz zu bieten.

Bima, Synagoge Sulzbach-Rosenberg (Oberpfalz, Bayern), Innenansicht mit Blick auf die Kanzel, Fotografie um 1935 (1936 geschlossen, danach Heimatmuseum, heute in Privatbesitz)

Das Gestühl für die Gottesdienstteilnehmer ist mit kleinen Pulten verbunden, auf denen sie ihre Gebetbücher ablegen können. Die Pultflächen decken eine Lade ab, in der Gebetbücher und auch der Gebetsmantel aufbewahrt werden können. Die Wände in der Synagoge sind ornamental geschmückt, da Darstellungen von Gott und religiös konnotierten Menschen oder Szenen verboten sind, um die Gefahr der Götzenanbetung zu vermeiden.

DIE ORGEL

Seit dem 19. Jahrhundert begleitet eine Orgel den Gesang der Gemeinde, was von Gemeinden, die sich nicht der zu Beginn des 19. Jahrhunderts erfolgten Reform der gottesdienstlichen Liturgie angeschlossen haben, abgelehnt wird.

In einem Triumphzug tragen römische Soldaten die goldene Menora als Kriegsbeute aus dem zerstörten Jerusalemer Tempel, Detail eines Reliefs an der Innenwand des Titusbogens in Rom, nach 81 n. d. Z.

DIE MENORA

Während der Zeit des Auszugs aus Ägypten war der siebenarmige Leuchter, die Menora, Teil der liturgischen Ausstattung des Stiftzelts (Mischkan), des transportablen Heiligtums und später des salomonischen und der ihm folgenden Tempel.

Die von Titus nach seinem Sieg im Jüdischen Krieg (66–70 n. d. Z.) im Triumphzug mitgeführte Menora steht auf einer achtseitigen Basis. Damit ist eine doppelte Zahlensymbolik gegeben, die den Römern bekannt war und somit die triumphale Überführung nach Rom begründete. Wenn auch die Menora kein liturgisches Gerät mehr ist, so hat sie dennoch ihre alte Symbolkraft nicht verloren, ist sie doch heute Emblem für das Judentum und auch für den Staat Israel.

KLAUS HARDERING, ROLF LAUER

Bilder von Juden im Kölner Dom – und was sie über das Zusammenleben von Juden und Christen aussagen

»Unser Blick in diese 1700 Jahre Geschichte muss aber ein ehrlicher sein. Nur so können wir Lehren ziehen für die Gegenwart und die Zukunft.«

(Bundespräsident Frank-Walter Steinmeier am 21.2.2021 in der Kölner Synagoge in der Roonstraße)

An kaum einem anderen Ort in Europa lässt sich das Verhältnis zwischen Christen und Juden in Bildzeugnissen des Mittelalters und des 19./20. Jahrhunderts aussagekräftiger verfolgen als im Kölner Dom. Schon die Anzahl der auf Juden bezogenen Objekte und ihr zum Teil prominenter Ort im Dom ist einzigartig. Außergewöhnlich ist auch, dass fast alle Darstellungen von Juden die politischen An- und Absichten der möglichen Auftraggeber und das Verhältnis zwischen der jüdischen Gemeinde, der christlichen Bevölkerung und der politischen Führung der Stadt Köln, dem Erzbischof und dem Kölner Domkapitel widerspiegeln. Das gilt für die mittelalterliche Zeit vom frühen 13. Jahrhundert bis um 1500, aber auch für das 19. und 20. Jahrhundert. Die Objekte und Darstellungen im Kölner Dom berühren viele Aspekte jüdischen ›Lebens‹ in dieser Stadt: das friedliche Zusammenleben, durch Geldzahlung motivierte Fürsorge, den mehr oder weniger freiwilligen Übertritt zum Christentum, die Duldung, Verfolgung, Vertreibung und Ermordung.

Bei der Betrachtung und Analyse der erhaltenen Objekte stellt sich sehr deutlich heraus, dass der häufig gebrauchte und auf die Ablehnung der jüdischen Religion durch Christen bezogene Begriff »antijüdisch« tatsächlich verharmlosend erscheint. Sowohl in der physiognomischen Diskriminierung als auch bei dem im »Judensau«-Thema offen zutage tretenden Hass gegen eine gesamte Bevölkerungsgruppe muss man schon in mittelalterlicher Zeit von Antisemitismus sprechen, der dann seit dem 19. Jahrhundert durch abseitige Rassetheorien untermauert werden sollte.

Eines der frühesten Beispiele physiognomischer Diffamierung von Juden in Europa findet sich an außerordentlich prominenter Stelle, am Dreikönigenschrein. Das zwischen 1190 und 1220 geschaffene monumentale Goldschmiedewerk ist nicht nur eines der bedeutendsten Kunstwerke seiner Zeit und eines der wichtigsten Pilgerziele Europas, sondern repräsentiert in der die gesamte Heilsgeschichte umfassenden, aber auch Vertreter der geistlichen (Erzbischof Rainald von Dassel) und

Abb. 1
Geißelung Christi, Dreikönigenschrein, Rückseite, um 1215/1220, Köln, Dom

weltlichen (König Otto IV.) Herrschaft einbeziehenden Bildwelt in einzigartiger Weise die religiöse und politische Situation zur Zeit seiner Entstehung.

In der um 1215/1220 geschaffenen Szene der Geißelung Christi an der hinteren Schmalseite des Schreins sind die beiden Schergen nicht nur durch Judenhüte gekennzeichnet, sie werden auch durch verzerrte Gesichtszüge als Gegner Christi diffamiert (Abb. 1, Abb. 2). Die ausgeprägte Hakennase des linken Schergen ist das erste bisher bekannte Beispiel dieser klischeehaft bösartigen Charakterisierung einer vermeintlich ›jüdischen‹ Physiognomie, die sich dann seit dem 13. Jahrhundert in ganz Europa verbreitet und bis heute existiert (vgl. das weiter unten behandelte »Kinderfenster«). Möglicherweise ist das Auftreten solcher denunziatorischer Kleidungsvorschriften und Physiognomie-Klischees durch die einschlägigen Beschlüsse des IV. Laterankonzils von 1215 veranlasst, in denen Juden eindeutig negativ bewertet und zum Tragen sie kennzeichnender Kleidung verpflichtet werden, wie zum Beispiel den Judenhut. Der sich seit dem späten 11. Jahrhundert ausbreitende und in Verleumdungen und Pogromen zutage tretende Antisemitismus wird hier gleichsam kanonisiert.

Eine scheinbar ganz andere Haltung äußert sich im sogenannten Judenprivileg, einer monumentalen steinernen Urkunde aus dem Jahr 1266, die mit Erlaubnis Erzbischofs Engelbert II. von Falkenburg angefertigt und im heute nicht mehr vorhandenen Schatzkammerraum an der ehemaligen Sakristei des Kölner Doms angebracht wurde (Abb. 3). Obwohl laut Text die Inschrifttafel »in publico aspectu«, also öffentlich sichtbar aufgestellt werden sollte, war sie dort nur sehr begrenzt zugänglich. Dies hängt wohl auch damit zusammen, dass vom 1248 begonnenen gotischen Neubau des Doms 1266 nur die Sakristei und die Chorkapellen vollendet waren, der weitaus größere Teil aber noch

Abb. 2
Geißelung Christi, Detail: linker Scherge, Dreikönigenschrein, Rückseite, um 1215/1220, Köln, Dom

Baustelle war. Heute steht die Tafel links neben dem Eingang zur Sakramentskapelle in der Kreuzkapelle des Doms.

Der Text sichert den Juden Privilegien für den jüdischen Friedhof vor dem Severinstor zu, ebenso gleiche Zollfreiheitsrechte für jüdische Kaufleute wie für christliche Handelsherren und schließlich das Geldverleihmonopol gegenüber allen potenziellen Konkurrenten, eine Bestimmung, die wohl vor allem die Schutzabgaben der Juden an den Erzbischof sichern sollte. Möglicherweise stehen solche Überlegungen auch hinter dem Widerstand der Erzbischöfe gegenüber Verfolgung und Vertreibung der Juden.

In der Baugeschichte des Doms ist auch der Grund dafür zu suchen, dass vor 1300 nur die liturgisch notwendige Ausstattung der als erstes vollendeten Chorkapellen entstand, die kaum Gelegenheit zu Bildthemen wie etwa der Auseinandersetzung mit dem Judentum bot. Das einzige Beispiel dieser Thematik ist ein am Außenbau um 1280 angebrachter Wasserspeier am Abschlussgesims der Achskapelle, der ein Schwein vorstellt, an dessen Zitze ein Mann mit Judenhut saugt, ein frühes Beispiel der seit dem 13. bis ins 18. Jahrhundert vor allem in Deutschland verbreiteten, das Judentum

Abb. 3
Judenprivileg des Erzbischofs Engelbert II., 1266, Kreuzkapelle, Köln, Dom

Abb. 4
Sogenannte »Judensau«, um 1260, Chorkapellen, Pfeiler F 17.1, Köln, Dom

extrem verunglimpfenden Darstellung der »Judensau« (Abb. 4). An mittelalterlichen Kirchenbauten finden sich diese Darstellungen zumeist an untergeordneten Stellen, so auch der Kölner Wasserspeier. Wasserspeier sind Teil der dekorativen Bauplastik und folgen keinem stringenten Bildprogramm. Ein konkreter Bezug zur jüdischen Gemeinde in Köln oder zu damals aktuellen Auseinandersetzungen ist nicht feststellbar.

Das ändert sich vollständig bei den beiden umfangreichen und prominent sichtbaren Bildzyklen mit jüdischen Themen am Chorgestühl und auf den Chorschrankenmalereien im Binnenchor des Doms. Der um 1300 baulich vollendete Binnenchor bildet das liturgische, religiöse und politische Zentrum des Doms. Dank der herausragenden Position der Kölner Kirche im Heiligen Römischen Reich ist der Domchor auch einer der inhaltlich bedeutsamsten Orte Deutschlands. Die ungewöhnliche und einzigartige Betonung jüdischer Themen an diesem herausragenden Ort hängt einerseits mit der überregionalen Bedeutung der jüdischen Gemeinde Kölns zusammen, andererseits mit den im frühen 14. Jahrhundert ständig zunehmenden Konflikten zwischen jüdischer Gemeinde, der Stadt Köln, dem Domkapitel und dem Kölner Erzbischof, die schließlich 1349 in der Vernichtung der jüdischen Gemeinde in Köln ihren Abschluss finden.

In dem nach 1310 entstandenen Chorgestühl ist antisemitischen Themen nicht nur einer der prominentesten Plätze gewidmet – zu beiden Seiten des Mitteleingangs auf der Nordseite –, die Szenen sind außerdem als gut sichtbare und bildmäßig komponierte, von Vierpässen gerahmte Reliefs mit höchster Anschaulichkeit und Bildwirkung gestaltet, statt wie sonst üblich als eher beiläufige Drolerien in Randbereichen angebracht zu sein. Auf der östlichen Chorgestühlswange an diesem Mitteleingang finden sich zwei Szenen: einmal eine sogenannte »Judensau«, bei der zwei Juden mit spitzen Judenhüten ein Schwein halten, während ein dritter davor kniet und an den Zitzen des Schweins saugt (Abb. 5). Da den Juden das Schwein als unreines Tier gilt, ist die verspottende und bösartig abwertende Absicht der Szene offensichtlich. Über diese direkt karikierende Stoßrichtung hinaus soll aber auch das Laster der Unmäßigkeit angeprangert werden, womit sich das Motiv einem der Hauptthemen des Chorgestühlprogramms, der Darstellung der Tugenden und Laster, einordnet.

Das Bildfeld rechts daneben zeigt einen Juden, der einen Trog ausschüttet, aus dem ein Schwein und drei Ferkel herausfallen. Ein zweiter, rechts stehender Jude führt einen Knaben mit Kreuznimbus an der Hand. Zwei die Juden verleumdende mittelalterliche Legenden sind hier verbunden. In der ersten stellen einige Juden Jesus auf die Probe: Sie verstecken eine Frau mit ihren Kindern hinter einer Mauer und fragen ihn, was die Mauer verberge. Auf seine Antwort, dass es eine Frau mit ihren Kindern sei, hätten sie lügnerisch erwidert, es handele sich um ein Schwein mit Ferkeln. Daraufhin habe Jesus die Frau mit den Kindern in Schweine verwandelt, und seitdem äßen die Juden kein Schweinefleisch mehr. Der Jude mit dem Christenknaben spielt auf die zahlreichen, Mitte des 12. Jahrhunderts aufkommenden und in der zweiten Hälfte des 13. Jahrhunderts gehäuft auftretenden Ritualmordlegenden an, mit denen Juden der Ermordung christlicher Kinder und der Verwendung von deren Blut zu antichristlichen Ritualen bezichtigt wurden.

Einer der folgenreichsten Fälle war die Ermordung des Knaben Werner in Oberwesel im Jahr 1287, der als

Abb. 5
Darstellungen der sogenannten »Judensau«, Chorgestühl, nach 1310, Nordseite, östlicher Teil, Wange am Mitteleingang, Köln, Dom

Abb. 6
Salomo und das Schießen auf den toten Vater / Salomo und die wahre Mutter, Chorgestühl, nach 1310, Nordseite, westlicher Teil, Wange am Mitteleingang, Köln, Dom

Ritualmord Juden angelastet wurde und zahlreiche Pogrome im Rheinland auslöste. Obwohl Kaiser Rudolf I. und der Kölner Erzbischof sich gegen die Mordbehauptung wandten und die Morde an Juden verurteilten, wurde die Tat auch im 14. Jahrhundert als Vorwand für Verfolgungen missbraucht.

Den dezidiert antijüdischen »Judensau«-Szenen gegenüber stehen an der westlichen Chorgestühlswange des Mitteleingangs zwei Darstellungen des alttestamentlichen Königs Salomo als eines gerechten Richters (Abb. 6). Das linke Relief zeigt die erstmals um 400 im Talmud nachgewiesene Erzählung von dem Vater, der sein Vermögen seinem einzigen leiblichen Sohn vermacht habe. Um diesen unter den zerstrittenen Brüdern zu ermitteln, habe Salomo angeordnet, dass alle mit einem Bogen auf die Leiche des Verstorbenen schießen sollten. Derjenige, der sich geweigert habe, sei von Salomo als der wahre Sohn erkannt und zum Erben bestimmt worden. Die rechte Szene illustriert die bekannte Bibelerzählung vom Streit zweier Mütter um ein Kind, der von Salomo zugunsten der wahren Mutter entschieden wird, denn sie verzichtet lieber als zuzulassen, dass man ihr Kind zweiteilt.

Auf den ersten Blick scheinen die Salomo-Szenen das Gegenbild der diffamierenden »Judensau«-Szenen gegenüber zu sein, schildern sie doch den jüdischen König als gerechten Richter. Bei näherer Untersuchung zeigt sich aber das genaue Gegenteil: In den Illustrationen der in Frankreich in der ersten Hälfte des 13. Jahrhunderts verbreiteten »Bible moralisée« wird das Urteil Salomos als Scheidung von Ecclesia und Synagoge bildlich interpretiert. Der Sieg der Ecclesia über die Synagoge ist eines der wichtigsten Themen der Auseinandersetzung von Judentum und Christentum in der mittelalterlichen Kunst und bedeutet im Zusammenhang der antisemitischen Szenen des Chorgestühls, dass die verblendete Synagoge – symbolisiert durch die betrügerischen Ankläger – dem Urteil der durch Salomo personifizierten Gerechtigkeit anheimfällt.

Unklar ist, wie es zu dieser überaus negativen und diffamierenden Darstellung von Juden am Chorgestühl kam. Auftraggeber war wahrscheinlich das Domkapitel, dem das Gestühl als Ort des Chorgebets diente. Ob Erzbischof Heinrich von Virneburg, der das Amt des Kölner Erzbischofs von 1304 bis 1332 bekleidete, Einfluss auf das Bildprogramm nahm, lässt sich nicht belegen. Die Kölner Erzbischöfe hatten in dieser Zeit noch das alleinige Judenregal inne, also den Schutz der Juden gegen Bezahlung, und haben deshalb kaum großes Interesse an Verfolgung und Ausrottung gehabt. Eine negative Haltung des Domkapitels gegenüber der jüdischen Gemeinde ist für 1335 bezeugt: Kölner Domkapitulare beklagen sich bei Erzbischof Walram von Jülich, dass Rechtsstreitigkeiten zwischen Christen und Juden gemäß dem erzbischöflichen Judenprivileg vor dem Judengericht verhandelt werden müssten. Dies sei für Christen, Standespersonen und insbesondere Prälaten nicht zumutbar. So ist zu vermuten, dass eine extrem diffamierende Denkweise, wie sie sich in den »Judensau«-Szenen des Chorgestühls äußert, die in der christlichen Bevölkerung und damit auch im Domkapitel verbreitete Judenfeindschaft widerspiegelt.

Schwere und offensichtlich absichtlich herbeigeführte Beschädigungen an den »Judensau«-Reliefs, aber auch an anderen Judendarstellungen des Chorgestühls könnten im Zuge der im Pestjahr 1349 verübten Ermordung und Vertreibung der Kölner Juden erfolgt sein.

Es bleibt festzuhalten, dass die Politik des Kölner Erzbischofs auf Duldung und Schutz der Juden ausgerichtet war, weshalb in der Erzdiözese Köln Verfolgungen von Juden vergleichsweise seltener vorkamen als im übrigen Deutschland, dass aber in den Judenszenen des Chorgestühls die wahre Stimmung der christlichen Bevölkerung und des Domkapitels anschaulich zutage tritt.

Eine weniger aggressive Haltung gegenüber den Juden ist bei dem in der Regierungszeit des Erzbischofs Walram von Jülich (1332–1349) entstandenen monumentalen Bildzyklus auf den Chorschranken über dem Chorgestühl zu finden.

Ungewöhnlich ausführlich wird auf der westlichsten Schranke der Nordseite in drei Szenen eine Episode aus dem Leben des zu Kaiser Konstantins Zeit amtierenden heiligen Papstes Silvester (Papst 314–335) erzählt

Abb. 7
Chorschranken, nach 1332, Nordseite, westlichste Schranke, Sylvester-Legende (Ausschnitt), Binnenchor, Köln, Dom
Von rechts nach links: Disputation über den wahren Glauben zwischen Kaiserin Helena, den Juden, Kaiser Konstantin und Papst Sylvester; Stierwunder mit dem jüdischen Gelehrten Zambri; Taufe der Kaiserin Helena und der Juden durch Papst Sylvester

(Abb. 7). Innerhalb des Silvester-Zyklus folgt auf die kirchenpolitisch höchst bedeutsame Darstellung der sogenannten Konstantinischen Schenkung eine eher selten illustrierte Episode aus der Silvester-Legende. Kaiserin Helena, die Mutter Kaiser Konstantins, die ihrem Sohn vorwirft, dass er sich zum Christentum bekehrt und von Papst Silvester habe taufen lassen, wo doch der wahre Glaube der jüdische sei, schlägt eine Disputation zwischen jüdischen und christlichen Gelehrten unter Aufsicht von zwei heidnischen Schiedsrichtern vor. Darin widerlegt Silvester die Juden so überzeugend, dass alle, Juden und Heiden, ihm zustimmen. Nur der jüdische Gelehrte Zambri widerspricht und fordert einen Beweis der göttlichen Macht. Im Bild der Chorschranken steht der heidnische Schiedsrichter im Philosophengewand in der Mitte, links neben ihm Kaiserin Helena und rechts Kaiser Konstantin. Helena wird von den jüdischen Gelehrten in spitzen Judenhüten begleitet, der schon Christ gewordene Konstantin von Papst Silvester. Das nächste Bild zeigt die Auseinandersetzung. Zambri flüstert den Namen des Teufels einem wilden Stier ins Ohr, der daraufhin tot zusammenbricht. Silvester aber erweckt ihn durch die Anrufung Christi wieder zum Leben. Wiederum stehen Konstantin und Silvester rechts, Zambri mit einem Judenhut hat sich in der Mitte über den Stier gebeugt, links steht Helena, wieder begleitet von den jüdischen Gelehrten mit Judenhüten. Alle Juden und auch Kaiserin Helena bekehren sich und werden, wie im letzten Bild dargestellt, von Papst Silvester getauft.

Hier werden gleich mehrere Themen aus der Auseinandersetzung von Juden und Christen angesprochen. Die Diskussion zwischen den jüdischen Gelehrten und Silvester spielt auf die in mittelalterlicher Zeit immer wieder formulierte Problematik der Religionsdisputation zwischen Christen und Juden an, die ihren bildlichen Ausdruck im Kampf von Ecclesia und Synagoge gefunden hat. Solche Streitgespräche wurden von kirchlichen Instanzen verurteilt oder sogar mit offiziellem Verbot belegt, um die Christen im Glauben nicht zu gefährden. Die Stierszene soll zeigen, dass die Offenbarung Gottes im sichtbaren Wunder auch letzte Zweifler vom Glauben überzeugt.

Die abschließende Taufdarstellung Kaiserin Helenas und der Juden muss vor dem Hintergrund der mittelalterlichen Diskussion um die freiwillige Taufe von Juden aus Angst vor Verfolgung und um die Zwangstaufe gesehen werden. Zwar war die Mehrheit der Theologen der Ansicht, dass Juden nicht zur Taufe gezwungen werden dürften, auch weil dann die Gefahr des häufig bezeugten späteren Abfalls vom Christentum zu groß wäre. Zu den Vertretern einer harten Haltung, die dagegen für die Zwangstaufe plädierten, gehörte der 1308 in Köln verstorbene Franziskaner Duns Scotus.

Die Botschaft der drei Szenen ist eindeutig. Die Juden sollen nicht durch Zwang, sondern durch theologische Argumentation und Erkenntnis der göttlichen Macht zur Bekehrung geführt werden. Dies geschieht nicht durch einen christlichen Gelehrten oder Geistlichen, sondern durch Silvester als Repräsentanten des Papsttums, also der Amtskirche, die ja auch der Kölner Erzbischof vertritt.

Verglichen mit den außerordentlich negativen Darstellungen des Chorgestühls, erscheint hier die Haltung gegenüber den Juden gemäßigter. Dies liegt sicher auch daran, dass in den repräsentativen und gut sichtbaren Bildzyklen der Chorschrankenmalereien die offizielle amtliche Position der Duldung der Juden und des Schutzes vor Verfolgung durch den Erzbischof demonstrativ zum Ausdruck gebracht werden soll. Dem Domkapitel, das von diesen Zahlungen nicht profitierte, war vielleicht daran gelegen, die Juden, die in Köln in den dreißiger und vierziger Jahren des 14. Jahrhunderts immer stärker von der christlichen Bevölkerung angefeindet wurden, durch die Konversion in die Gemeinschaft der Christen zu integrieren und damit den Konfliktherd zu beseitigen. In den drei letzten Szenen des Silvester-Zyklus wird so explizit zum Ausdruck gebracht, dass nur die Taufe die Juden vor ewiger Verdammnis, aber auch vor Verfolgung retten könne.

Nach der Wiederansiedlung von wenigen jüdischen Familien 1372 entstand kurz vor ihrer endgültigen Vertreibung durch die Stadt Köln 1424 noch ein Kunstwerk, das ausführlich jüdischen Themen gewidmet ist: der von der Kannegießerzunft gestiftete Kerzenbalken in der Marienkapelle des Doms. Leider ist von dem Bildzyklus zum heiligen Nikolaus nach einer missglückten Freilegung 1949 kaum noch etwas zu erkennen, sodass wir uns hier auf eine kurze Erwähnung der zwei auf Juden bezogenen Episoden beschränken.

Da ist zunächst die Erzählung von dem Juden, der sein Geld in einen Kasten gelegt und mit einem Bildnis des heiligen Nikolaus vor Diebstahl geschützt habe. Trotzdem sei es von Dieben gestohlen worden. Nach der Entdeckung des Diebstahls habe der Jude die Nikolaus-Statue beschimpft und gezüchtigt. Nikolaus habe dann die Diebe ermahnt, die das Geld willig zurückgegeben hätten. Der Jude habe sich daraufhin von Nikolaus taufen lassen.

Auch die zweite Wundererzählung hat den Betrug eines Christen an einem Juden zum Thema: Ein verarmter Christ habe von einem Juden ein Darlehen erhalten und dessen pünktliche Rückgabe vor einer Statue des heiligen Nikolaus gelobt. Doch nach Ablauf der Frist habe der Christ behauptet, dem Juden nichts mehr zu schulden. Vor Gericht habe der Christ dann

Abb. 8
Nikolaus-Legende, um 1400, Überfahren des betrügerischen Christen, Kannegießerbalken (Detail), Marienkapelle, Köln, Dom

sogar geschworen, dem Juden alles zurückgegeben zu haben. Tatsächlich habe das der Wahrheit entsprochen, denn der betrügerische Christ habe das Geld in einem mitgebrachten Stock verborgen, den er vor seinem Eid dem Juden zu halten gab. Der Jude habe dann unter Beschimpfungen des heiligen Nikolaus den Gerichtssaal verlassen. Später sei der Christ auf dem Heimweg in tiefen Schlaf versunken und von einem Pferdefuhrwerk angefahren und getötet worden, wobei der hölzerne Stock zerbrochen sei und die Goldmünzen herausgerollt wären (Abb. 8). Der herbeigeholte Jude habe das Geld unter der Bedingung angenommen, dass Nikolaus den Christen wieder zum Leben erwecke. Als dies geschehen sei, habe sich der Jude taufen lassen.

In den sechs Judenszenen des insgesamt 12 Illustrationen umfassenden Nikolaus-Zyklus spiegelt sich höchstwahrscheinlich die damals aktuelle erzbischöfliche Position gegenüber den Kölner Juden und der Judenpolitik der Stadt Köln wider.

Sowohl Erzbischof Friedrich von Saarwerden (1372 bis 1414) als auch sein Nachfolger Dietrich von Moers (1414–1463) nutzten die Finanzkraft der Kölner Juden nicht nur durch die Schutzgelder des Judenregals und individuelle Abgaben, sondern auch durch umfangreiche Kreditnahme und Beratung in Finanzfragen. Die Erzbischöfe, wie übrigens auch die Stadt Köln, profitierten also in außerordentlicher Weise von der Wiederansiedlung der Juden, was auch in den erzbischöflichen und städtischen Schutzbriefen zum Ausdruck kam, die nicht nur die den Christen verbotene Zinsnahme erlaubte, sondern die Juden auch vor Betrug durch Christen in Schutz nahm. Trotzdem mehrten sich zu

Abb. 9
Erzengel Gabriel mit Stifterfigur des Victor von Carben, um 1510, Südquerhaus, Köln, Dom

Beginn des 15. Jahrhunderts die Hinweise darauf, dass der Rat der Stadt die Vertreibung der Juden beabsichtigte. Am 1. Oktober 1423 verkündete der Rat dann den Beschluss zur Ausweisung der Juden, die trotz des heftigen Widerstands des Erzbischofs bis 1424 abgeschlossen war.

Nach der Vertreibung der Juden aus der Stadt wäre eigentlich anzunehmen, dass es vor dem 19. Jahrhundert in der Ausstattung des Doms keine jüdischen Bildzeugnisse mehr geben würde. Und doch existiert noch ein weiteres, dezidiert antijüdisches Dokument aus der Wende vom Mittelalter zur Neuzeit. Im östlichen Seitenschiff des südlichen Querhauses steht eine auf zwei gegenüberliegende Pfeiler verteilte Verkündigungsgruppe, die um 1510 entstand. Zu Füßen des Engels kniet eine kleine Stifterfigur in geistlicher Gewandung, durch eine Inschrift benannt als »Victor sacerdos olim judeus« (»der Priester Victor, einst ein Jude«; Abb. 9). Der kniende Stifter, durch dieselbe Inschrift an der Konsole bezeichnet, erscheint auch bei einer Gruppe der Anna selbdritt (Anna, Maria und das Jesuskind) an der Südwand der Marienkapelle. Sie wird links und rechts von stehenden Figuren der Heiligen Joachim, Joseph, Barbara und Katharina flankiert. Bei dem Stifter handelt es sich um Victor von Carben, ehemals ein Rabbi, der 1482 zum christlichen Glauben übertrat, bald danach zum Priester geweiht wurde und 1515 starb. In seinen Schriften, vor allem in dem 1508 erschienenen und dem Kölner Erzbischof Philipp von Daun gewidmeten Werk »Opus aureum ac novum«, verunglimpft er seinen früheren Glauben und fordert die Juden auf, sich taufen zu lassen. Anlass der Stiftung im Dom ist sicher der Wunsch Victors, sein Totengedenken am prominentesten Ort Kölns zu sichern, aber auch, wie die Inschrift erweist, um seine endgültige Lösung vom Judentum zu dokumentieren. Diese Motivation wäre durchaus verständlich, da konvertierten Juden oft der Vorwurf des Scheinübertritts gemacht wurde und man ihnen bei der Rückkehr zu ihrem alten Glauben schwere Strafen androhte.

Hintergrund der Stiftung ist der im ersten Jahrzehnt des 16. Jahrhunderts erbittert geführte Streit um die 1507 erschienene antijüdische Publikation »Judenspiegel« des in Köln lebenden Konvertiten Johannes Pfefferkorn, der zur Vernichtung jüdischer Schriften aufrief. Die Kontroverse zwischen Pfefferkorn, der von der äußerst konservativen Theologenfakultät der Kölner Universität – der übrigens auch Victor von Carben angehörte – unterstützt wurde, und dem Hebräisten und Humanisten Johannes Reuchlin, der für die jüdischen Schriften Partei ergriff, erregte in ganz Europa Aufsehen.

Mit der Zulassung von Victors Stiftung und der Genehmigung der demonstrativen Stifterinschrift »Victor sacerdos olim judeus« bezog das Domkapitel eindeutig Position und reihte sich in die Gruppe der konservativ antijüdischen Anhänger Pfefferkorns ein.

Als sich 1798 wieder eine erste jüdische Familie in Köln niederließ, befand sich der Kölner Dom an einem Tiefpunkt seiner langen Geschichte. Seit Einstellen aller Bauarbeiten Mitte der 1520er Jahre ein gewaltiger Torso, dürfte das in Teilen marode Bauwerk kaum im Fokus der bürgerlichen Kölner Stadtgesellschaft gestanden haben, geschweige denn der kleinen, 1801 neu gegründeten jüdischen Gemeinde.

Dies änderte sich grundlegend, als zu Beginn des 19. Jahrhunderts aus dem Wunsch nach Vollendung des 1248 begonnenen Werks eine als national empfundene Aufgabe erwuchs, die neben den Vordenkern dieser Idee schon bald einen Großteil der Kölner Bürger wie auch den König von Preußen zu begeistern vermochte. Den Dom nicht als katholische Bischofskirche, sondern als Denkmal nationaler Einheit seinem Ausbau entgegenzuführen, erlaubte es allen Kreisen der Gesellschaft, sich an diesem Vorhaben zu beteiligen. So zählt bereits 1839 Baron Amschel Mayer von Rothschild, Sohn des renommierten Frankfurter Bankhausgründers, als erster jüdischer Mäzen zu den großen finanziellen Unterstützern des Dombaus.

Wenige Jahre zuvor hatte sich die Situation in Köln noch anders dargestellt. Auf der Suche nach privaten Spendern für die neu zu schaffenden Engel der Chortabernakel hatte Dombaumeister Ernst Friedrich Zwirner Bittbriefe an vermögende Kölner Bürger gerichtet, so auch an den jüdischen Bankier Simon Oppenheim. Obwohl einzelne Mitglieder des preußischen Königshauses eifrig spendeten, stieß Zwirners Ansinnen bei den Kölner Bürgern auf wenig Gegenliebe. Ebenso knapp wie unmissverständlich fiel auch Oppenheims ablehnende Antwort aus und ließ den verärgerten Zwirner, der viele Jahre später die von Simons Bruder Abraham gestiftete Synagoge entwerfen sollte, in alte Ressentiments verfallen. Kurzerhand versah er das Schreiben mit dem zynischen Kommentar »Jude bleibt Jude« (Abb. 10).

Mit Gründung des Zentral-Dombau-Vereins im Jahr 1842 änderten sich die Verhältnisse. Hier hatte sich die gesellschaftliche Elite der Stadt zusammengefunden, um dem Ausbau des Doms eine solide finanzielle Grundlage zu verschaffen. In seiner überkonfessionellen Ausrichtung bot der Verein nicht nur katholischen, sondern auch evangelischen Christen und Bürgern jüdischen Glaubens Mitwirkungsmöglichkeiten an einem Projekt von nationaler Tragweite. Ein erstes Mitgliederverzeichnis vom 9. Februar 1842 führt bereits 56 jüdische Bürger auf, darunter mit den Brüdern Abraham, Simon und Dagobert gleich drei Mitglieder der Bankiersfamilie Oppenheim. Später stieg ihre Zahl auf neun.

Abb. 10
Brief von Simon Oppenheim mit einem Kommentar von Ernst Friedrich Zwirner, 29. April 1835, Köln, Dombauarchiv

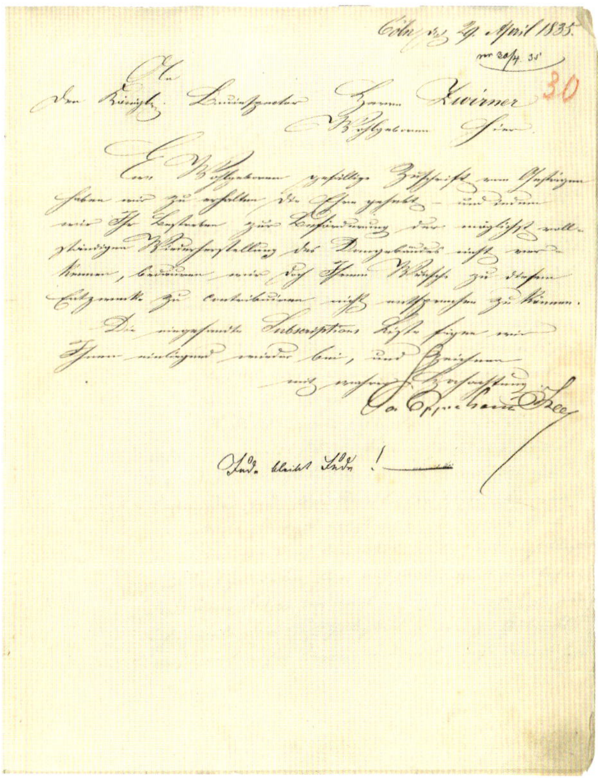

Der vielfältige Einsatz der Oppenheims für den Dom sollte Jahrzehnte währen. Simon und sein ältester Sohn Eduard, der 1859 zum Protestantismus konvertierte, engagierten sich in Vorstand und Verwaltungsausschuss. Abrahams Gattin Charlotte beteiligte sich gemeinsam mit 257 weiteren Damen der gehobenen Kölner Gesellschaft an den Arbeiten für das Vereinsbanner. Hinzu kamen größere Stiftungen.

Dem Dombauverein dürften die umfangreichen Geldspenden und das persönliche Engagement der Oppenheims mehr als willkommen gewesen sein; im Gegenzug bot der Verein die Möglichkeit, sich als Mitglieder der Stadtgesellschaft zu etablieren und den erreichten sozialen Status zu repräsentieren. Mit Unterstützung des ersten Vereins- und späteren Regierungspräsidenten Heinrich von Wittgenstein sowie weiterer Vertreter des Großbürgertums kämpften die rheinischen Juden für gleiche Rechte. Doch solange für sie de facto kaum die Möglichkeit bestand, einen bürgerlichen Beruf zu ergreifen oder gar ein Staatsamt zu bekleiden, erschien die Mitgliedschaft im Dombauverein als probates Mittel, sich bürgerlich zu engagieren und die eigene Emanzipation voranzutreiben, auch nachdem mit der Frankfurter Reichsverfassung von 1849 eine politische Gleichstellung der Juden juristisch festgeschrieben worden war.

Einen ersten Höhepunkt ihrer gesellschaftlichen Anerkennung erreichten die Oppenheims mit dem Besuch des preußischen Königspaares in ihrem Haus am Wallrafplatz nach den Feierlichkeiten zur Vollendung des Dominnenraums 1863. Fünf Jahre später erfolgte ihre Erhebung in den Freiherrenstand, ein Gunstbeweis, der zuvor keinem anderen Juden zuteil geworden war. Eine so positive gesellschaftliche Emanzipation blieb jedoch vornehmlich wohlhabenden und damit ohnehin schon privilegierten Juden vorbehalten; im weitaus größeren Teil der Bevölkerung stellte sich die Situation nach wie vor ganz anders dar.

Abb. 11
Carl Julius Milde, Verrat des Judas, Westfenster (Milde-Fenster), Detail, 1877 eingesetzt, Köln, Dom

Auch wenn die Domausstattung des 19. Jahrhunderts keine dezidiert antijüdischen Schmähbilder hervorgebracht hat, blieb das Verhältnis des Christentums zu seiner Mutterreligion weiterhin problematisch. Das 1877 eingebaute Westfenster zeigt eine Darstellung des Jüngsten Gerichts, in der die guten Taten und die Verfehlungen der Menschen an Hand von Begebenheiten aus Altem und Neuem Testament in Szene gesetzt sind. Die Entgegennahme der 30 Silberlinge illustriert den Verrat des Judas, der in einen gelben Judenmantel gehüllt, mit roten Haaren, spitzem Bart und vermeintlich typisch jüdischer Physiognomie dargestellt ist (Abb. 11). Die Bildsprache greift hier auf überkommene Stereotypen zurück und inszeniert Judas in plakativer Lesbarkeit einmal mehr als habgierigen Juden und Christenfeind.

Stifter des Fensters waren der preußische Kronprinz Friedrich Wilhelm und seine Gemahlin Victoria, die auch den weitestgehend unbekannten protestantischen Lübecker Maler Carl Julius Milde beauftragten. Eine antisemitische Haltung ist hier allerdings schwerlich zu unterstellen, hatte der spätere 99-Tage-Kaiser doch mehrfach aus seiner Verurteilung der »Judenhetze« in Berlin keinen Hehl gemacht und sich damit sogar dem Vorwurf ausgesetzt, eine jüdische Marionette zu sein. Aber selbst ihm dürfte die auch im protestantischen Christentum tief verwurzelte Judenfeindlichkeit in der Darstellung des Judas-Verrats als »Urgeschichte des Antisemitismus« schlichtweg nicht bewusst gewesen sein.

Um einiges unverfänglicher sind hingegen die großen Standfiguren in den Obergadenfenstern von Lang- und Querhaus des Doms. Hierzu hatte der Kölner Maler Michael Welter um 1870 Entwürfe von Heiligen und Figuren aus dem Alten und Neuen Testament geliefert, deren Ausführung von entsprechenden Stiftern finanziert werden sollte. Da die großformatigen Glasgemälde nicht nur äußerst repräsentativ, sondern auch für jeder-

Abb. 12
Salomo-Fenster, Gesamtansicht, nach 1870, Köln, Dom, Obergaden

Abb. 13
Werner von Oberwesel, Gipsmodell der Archivoltenfigur, Nordturm, Modellkammer, Köln, Dom

mann gut sichtbar waren, erfreuten sich die Fensterstiftungen großer Beliebtheit. Die Familie von Oppenheim beteiligte sich mit gleich zwei kompletten Fenstern, eines davon im Langhaus, das andere im nördlichen Querhaus (Abb. 12). Dagobert von Oppenheim, der 1882 die Kosten für eine weitere Fensterbahn übernahm, hatte zuvor bereits Skulpturen der dem Christentum nahestehenden Juden Zacharias und Simeon für die Vorhalle des Doms gestiftet.

Das im Wesentlichen auf einen mehrfach überarbeiteten Entwurf Sulpiz Boisserées zurückgehende Figurenprogramm für die Portale und den Innenraum hatte zwar durchaus kirchenpolitischen Charakter, vermied aber eine Darstellung von Ecclesia und Synagoge. Der im »Organ für Christliche Kunst« begrüßte Vorschlag des seinerzeit hochgeschätzten Londoner Architekten William Burges, unter den Standbildern des Langhauses auch »symbolische Statuen der Kirche und der Synagoge« aufzunehmen, blieb jedenfalls unberücksichtigt. Möglicherweise wollte man vermeiden, das fragile Miteinander von Christen und Juden beim Dombau durch unbedachte Provokationen zu gefährden.

Die Archivoltenfigur des Werner von Oberwesel am Michael-Portal gestaltet sich da problematischer. Als Patron der Winzer reiht sich die Sitzfigur in einen Ende der 1870er Jahre entstandenen Zyklus heiliger Schutzpatrone ein, verzichtet aber nicht auf einen Palmzweig als Attribut, der an das bereits im 19. Jahrhundert umstrittene Martyrium des heiligen Knaben erinnert (Abb. 13). Der mittelalterlichen Überlieferung zufolge wurde dieser 1287 im Haus seiner jüdischen Dienstherren von Juden ermordet, um das christliche Osterfest zu verhöhnen. Der angebliche Ritualmord hatte blutige Pogrome in vielen rheinischen Städten zur Folge. Vor dem Hintergrund, dass derartige Ritualmordgerüchte in Köln immer noch in Umlauf waren, bekommt das unscheinbare Detail eine ernste Bedeutung.

Gedankenlosigkeit und das Gefangensein in antisemitischen Bildern nationalsozialistischer Prägung charakterisieren auch das 1965 vollendete »Kinderfenster« im nördlichen Querhaus des Doms, wie Bernd Wacker jüngst im »Kölner Domblatt« aufzuzeigen vermochte.

Nach einem während der 700-Jahr-Feier des Doms 1948 zelebrierten Pontifikalamt für die Kölner Schuljugend entstand die Idee zu einem neuen Glasgemälde im Dom, das aus Spenden von Kindern und Jugendlichen finanziert werden sollte. Das theologische Programm steuerte der damalige Kölner Dompropst Hermann Joseph Hecker bei, der ein typologisches Schema vorsah, das die Rolle der Kinder in der christlichen Heilsgeschichte hervorheben sollte.

Erst 1960 wurde der wenig bekannte Kölner Glasmaler Bernhard Kloß mit der Ausführung beauftragt.

Abb. 14
Entgegennahme der 30 Silberlinge, Kinderfenster, fertiggestellt nach 1965, Köln, Dom

Dompropst Hecker war im gleichen Jahr verstorben, und nur so ist es zu erklären, dass es in der Ausführung des Glasgemäldes größere Abweichungen von seinem Fensterentwurf gab, so auch in jener Fensterzeile, die den Verrat zum Thema macht. Dem Verkauf des Joseph durch seine Brüder wird die Entgegennahme der 30 Silberlinge durch Judas gegenübergestellt (Abb. 14). Als weiteres Bild des Verrats folgt der Judaskuss. Die sich in Heckers Entwurf anschließende kirchenhistorische Szene ist durch die Darstellung einer Mutter ersetzt, die mit ihren Kindern aus dem bombardierten Köln flieht. In einer Reihe von Verratsszenen hier nun den vom NS-Regime propagierten »typisch jüdischen« Verrat als Ursache für Krieg und Elend illustriert zu sehen, befremdet.

Hinzu kommt die diffamierende, nationalsozialistischer Bildsprache nicht unähnliche Darstellung der jüdischen Hohepriester und des Judas mit boshaft durchtriebener Mimik und betonter Hakennase. Angesichts der unmissverständlichen Verurteilung jeglicher Form von Antisemitismus während des Zweiten Vatikanischen Konzils und der Bemühungen der bereits 1958 gegründeten »Kölnischen Gesellschaft für christlich-jüdische Zusammenarbeit« erscheint es heute nahezu unbegreiflich, dass niemand an den zwischen 1966 und 1968 eingebauten Scheiben Anstoß nahm.

Literatur

Füssenich, Peter / Hardering, Klaus / Lauer, Rolf / Wacker, Bernd (Hrsg.), *Der Kölner Dom und die Juden,* Köln [2]2018 (Erstpublikation 2008; mit älterer Literatur)

Wacker, Bernd, Ostentative Ahnungslosigkeit · Das sogenannte Kinderfenster im Kölner Dom · Geschichte, Theologie und Ideologie, in: *Kölner Domblatt,* 85, 2020, S. 190–227

Werhahn, Carola Maria, *Die Stiftung des Victor von Carben (1423–1515) im Kölner Dom · Glaubenspropaganda zwischen Judentum und Christentum in Text und Bild,* München 2013

DER OPPENHEIM-POKAL

Von Helmut Fußbroich

Der Oppenheim-Pokal ist prunkendes Symbol für die Emanzipation der rheinischen Juden. 1794 eroberten die Franzosen die deutschen Gebiete links des Rheins. Damit begann die nahezu 20 Jahre währende französische Herrschaft über die Rheinlande. Deren Bürger, und damit auch die Juden, waren demzufolge bis 1814 französische Staatsbürger. Das Dekret Napoleons von 1808 schränkte die Bürgerrechte der jüdischen Staatsbürger jedoch nach einer kurzen Zeit großer Freiheit wieder erheblich ein. Daran änderte auch die Übernahme der Rheinlande durch Preußen zunächst nichts.

Eine an den preußischen König gerichtete Petition, die Abraham und Simon Oppenheim gemeinsam mit weiteren führenden Personen verfasst hatten, um die rechtliche Stellung der rheinischen Juden der in Preußen geltenden Rechtsgleichheit der Juden anzugleichen, blieb unbeantwortet. Daraufhin entsandte die rheinische Judenheit Abraham Oppenheim nach Berlin, wo er schließlich den erwünschten Erfolg erzielte. Im Juli 1847 überreichte ihm die dankbare rheinische Judenheit den von dem Kölner Goldschmied Wilhelm Hermeling geschaffenen 63 cm hohen Deckelpokal, verbunden mit einer von dem Kölner Maler und Lithografen David Levy Elkan gestalteten Dankadresse, die 531 Vertreter aller rheinischen Gemeinden unterzeichnet hatten. 1869 erhielt die rechtliche Gleichstellung der Bürger jüdischen Glaubens Gesetzeskraft.

Wilhelm Hermeling, Ehrenpokal für Abraham Oppenheim, 1847, Höhe 63 cm, Privatbesitz

Jüdische Persönlichkeiten – und was sie geleistet haben

Auf dem Weg in eine bürgerliche Gesellschaft können wir einzelne wichtige jüdische Frauen und Männer des gesellschaftlichen, wirtschaftlichen, kulturellen und politischen Lebens im Wesentlichen erst seit dem 18. Jahrhundert erfassen. Zwar haben wir einige Kenntnisse über wenige Einzelpersonen mit Namen und auch Informationen über ihr Wirken, wie zum Beispiel über jenen Isaak, den Karl der Große 797 mit einer Gesandtschaft nach Bagdad schickte (und der 801/802 mit Geschenken Harun ar-Raschids für Kaiser Karl zurückkehrte, darunter ein indischer Elefant). Wenig bis nichts ist jedoch über ihr Leben bekannt, sodass wir uns im vorliegenden Band darauf konzentrieren, einige weniger bekannte Persönlichkeiten aus den letzten drei Jahrhunderten, die spürbare Wirkungen hinterlassen haben, mit einer Lebensskizze vorzustellen. Gäbe es ein ›Ranking‹, das sich an der weltgeschichtlichen und wissenschaftlichen Bedeutung orientierte, wären an dieser Stelle sicher Karl Marx, Sigmund Freud und Albert Einstein zu nennen. Sie haben – wie sonst nur noch der Nichtjude Charles Darwin – die Welt im 19. und 20. Jahrhundert derart verändert und mit Erkenntnissen versorgt, wie nur wenige andere Menschen in den Jahrhunderten zuvor. Da über diese Bedeutsamen jedoch Bücher und Schriften in Bibliotheksstärke vorliegen, haben wir für den vorliegenden Band bewusst eine andere Auswahl getroffen.

Isaac Offenbach

Offenbach 1779–1850 Köln

Er ist der Vater des berühmten Operettenkomponisten Jacques Offenbach, dessen Werke »Orpheus in der Unterwelt« und »Hoffmanns Erzählungen« bis heute in Opernhäusern der ganzen Welt aufgeführt werden. Auch dessen Brüder und Schwestern sind sehr musikalisch und spielen viele Instrumente äußerst erfolgreich.

Isaac Eberst, wie er mit Geburtsnamen hieß, war aus der bei Frankfurt gelegenen Stadt Offenbach zunächst nach Deutz gekommen, wo er als Nachnamen seinen Geburtsort annimmt, was damals üblich ist. Da im katholischen linksrheinischen Köln Tanz und Alkohol streng kontrolliert werden und teilweise verboten sind, hat sich das rechtsrheinische Deutz zu einem beliebten Ausflugsziel für aus dem linksrheinischen, nur vermeintlich ›heiligen‹ Köln kommende Besucher entwickelt. Isaac spielt mindestens vier Instrumente und hat eine schöne Stimme, sodass er sein Geld als Musikant in Deutzer Vergnügungslokalen und als Musiklehrer verdienen kann.

Als die französischen Truppen unter Napoleon 1794 auch das Rheinland und Köln besetzen, führen sie viele Reformen ein. Dazu gehört die Religionsfreiheit, die vor allem für die Juden wichtig ist, denn sie leben bis dahin in den Kleinstaaten Deutschlands und auch in Köln nicht gleichberechtigt mit den Christen, sondern werden auf vielfache Weise unterdrückt und benachteiligt. Aufgrund dieser neuen Freiheiten kommen erstmals nach der Vertreibung aus der Stadt im Jahr 1424 wieder Menschen jüdischen Glaubens in das linksrheinische Köln. Isaac Offenbach zieht von Deutz nach Köln und wird Kantor (Vorsänger) der sich allmählich entwickelnden jüdischen Gemeinde der Stadt. Er verbleibt in diesem Amt 30 Jahre und wird 1850 auf dem jüdischen Friedhof in Deutz beerdigt. Dort findet sich noch heute sein Grabstein.

Schon in jungen Jahren sind zwei von Isaacs Söhnen derart begabt, dass die Lehrer des Gürzenich-Orches-

Abb. 1
Isaac Offenbach, Fotografie einer Kreidezeichnung (?), um 1845, Köln, Historisches Archiv der Stadt Köln

ters ihnen, wie sie selbst bekennen, »nichts mehr beibringen« können. Deshalb fasst Isaac den für die damalige Zeit und seine bescheidenen Verhältnisse mutigen Entschluss, beide zum Musikstudium nach Paris zu bringen. Er selbst hatte dort liberale Formen jüdischer Religionsausübung kennengelernt. So wird in den Pariser Synagogen häufig gesungen, manchmal ist eine Orgel vorhanden, und die französische Sprache wird anstelle des sonst üblichen Hebräisch benutzt. Isaac hält es für wichtig, dass die Gottesdienste in den Synagogen moderner werden, vor allem durch den Gebrauch der deutschen Sprache, um dadurch die Akzeptanz der Religion zu stärken.

Mit diesen Vorschlägen stößt er jedoch auf regen Widerstand der Mehrheit der Mitglieder der Gemeinde, denn diese wollen an den überkommenen Formen festhalten. Sie fürchten eine zu große Annäherung der Liturgie an die christlichen Gottesdienste, vor allem die evangelischen, die von Wort und Gesang der Gemeinde geprägt sind, wobei Predigt und Lieder in deutscher Sprache vorgetragen und gesungen werden.

In bewundernswerter Weise hält Isaac dennoch an seinen Reformbemühungen fest und veröffentlicht neben Gedichten und Liedern, für die er auch Kompositionen schreibt, zunächst ein Purim-Spiel mit über 50 Seiten. Purim ist der fröhlichste Feiertag im Jahresverlauf der jüdischen Religion, da er an die Errettung aus Todesgefahr in der persischen Diaspora erinnert. Grob gesagt kann er mit dem Karneval verglichen werden. Außerdem verfasst Isaac ein »Gebetbuch für die Jugend«, da er die alten Texte als nicht mehr zeitgemäß empfindet.

Höhepunkt seines schriftstellerischen Schaffens aber ist eine Haggada, die er 1838 veröffentlicht. Eine Haggada enthält liturgische Anweisungen, Lieder, Gebete und Hinweise, wie man das Pessach-Fest vorbereitet, die Vorabend-Seder-Mahlzeit einnimmt und wie man das Fest selbst begeht. Pessach erinnert an die Befreiung des Volkes Israel aus der Ägyptischen Sklaverei, an den Auszug in die Freiheit und Autonomie des Judentums. Diese Bücher sind oft reich illustriert mit Darstellungen der Vorgänge, die im Text beschrieben sind. Ähnlich wie die Malereien und Glasfenster in den christlichen Kirchen dient die Haggada dazu, dem jüdischen Volk die Bedeutung dieses wichtigen historischen Vorgangs für das Judentum in Bild und Sprache zu verdeutlichen.

Isaac Offenbach verfasst seine Haggada in hebräischer und deutscher Sprache und erhöht die Attraktivität schon auf dem Umschlag durch eine wunderschöne Illustration seines Freundes, des in Köln lebenden Malers David Levy Elkan. Die hebräischen und deutschen Texte stehen sich jeweils gegenüber, sodass man in jedem Fall versteht, wovon gerade die Rede ist. In einem Vorwort verleiht er seinem pädagogischen Ansatz mit deutlichen Worten Ausdruck. Vieles sei in den Gottesdiensten ein »toter Formalismus« geworden, sodass es an der Zeit sei, zwar »nicht die Religion, sondern das Gewand derselben zu reformieren«.

Moses Hess

Bonn 1812–1875 Paris

Er gehört im 19. Jahrhundert zu den führenden Männern, die den Sozialismus als alleinigen Ausweg aus den Ungerechtigkeiten des mit Macht und Einfluss versehenen Kapitalismus gegenüber der Mehrheit der abhängig Beschäftigten sehen.

Moses Hess arbeitet viele Jahre mit Karl Marx und Friedrich Engels zusammen, bevor zwischen ihnen ein tiefes Zerwürfnis aus ideologischen und persönlichen Gründen entsteht. Dem aus einem konservativen jüdischen Elternhaus stammenden Hess gelingt es erst spät, sich von den familiären Traditionen und Fesseln insbesondere seines in Köln tätigen Vaters zu emanzipieren.

Hess besucht keine öffentliche Schule, sondern wird zu Hause bei den Großeltern unterrichtet und beginnt erst spät ein Studium an der Universität Bonn, das er jedoch ohne Examen beendet. Er saugt die Gedanken der Französischen Revolution auf, die sein ganzes Leben bestimmen werden. Schon dem Titel seines ersten Buches kann man den Enthusiasmus und die innere Ergriffenheit entnehmen, die ihn umtreiben. Hess schreibt über nichts weniger als »Die Heilige Geschichte der Menschheit«. Das Buch enthält ein recht verwirrendes Traktat hochstrebender philosophischer Gedanken, religiöser und gesellschaftlicher Analysen und Voraussagen sowie erstaunlich moderne Aussagen, zum Beispiel zur Gleichberechtigung der Frau. Er reibt sich an den sozialen Verwerfungen des jungen Kapitalismus, der die Armen ausbeutet, und sieht ein Heil im Vorrang staatlicher Institutionen, die den privaten Markt kontrollieren sollen. Dabei sieht er allerdings vollkommen klar, dass der Analyse Taten folgen müssen, wenn sich die gesellschaftlichen Strukturen ändern sollen. Hess ist ein Mann der Tat, der seine Überlegungen in konkrete Handlungsoptionen umsetzen möchte.

Bei der in Köln gegründeten »Rheinischen Zeitung«, zu deren Autoren er von Anfang an gehört, trifft er auf Karl Marx. Er verehrt Marx über alle Maßen und erkennt vor allem seine überragende Analysefähigkeit an. Er führt auch Engels, den Industriellensohn aus Wuppertal, in den Sozialismus ein.

Wie viele seiner kritischen Zeitgenossen wird er von den staatlichen Überwachungsorganen bespitzelt und verfolgt. Deshalb reist er oft zwischen Paris, Brüssel, Zürich und Köln und steht dabei stets in engem Kontakt zu den führenden Vertretern des Sozialismus in ganz Europa. In Paris begegnet er dem von ihm verehrten Heinrich Heine, in dessen Wohnung er sich des Öfteren aufhält.

Nachdem die Auseinandersetzungen zwischen den zunehmend orthodox und eigensinnig agierenden Marx und Engels eine weitere Zusammenarbeit und gegenseitige Unterstützung ausschließen, wendet sich Hess überraschend der Entwicklung des Judentums zu und – inspiriert durch den erfolgreichen politischen Zusammenschluss der Italiener (Garibaldi) – verfasst seine wegweisende Schrift »Rom und Jerusalem«, die den erst 30 Jahre später aufkommenden Zionismus vorwegnimmt. Das Buch wird von den maßgeblichen jüdischen Vertretern mit Zurückhaltung bis hin zur völligen Ablehnung aufgenommen. Die in Wirtschaft und Politik erfolgreichen Juden fühlen sich als Deutsche oder Franzosen und haben keinerlei Neigung, im fernen Palästina einen neuen Staat zu gründen. Viele wollen nicht nur eine vollständige Integration, die sie durch die napoleonischen Gesetze in greifbare Nähe gerückt sehen, sondern gar die vollständige Assimilation.

Abb. 2
Gustav Adolf Koettgen, Bildnis Moses Hess, vor 1848, Öl auf Leinwand, 72,5 × 60 cm, Stadtmuseum Düsseldorf

Am Schluss seines Lebens findet Hess den Weg zur aufkeimenden Sozialdemokratie und in Ferdinand Lassalle einen Vertrauten und Förderer. Er wird der erste Repräsentant des »Allgemeinen Deutschen Arbeitervereins« in Köln, des Vorläufers der SPD. Er wird jedoch keine führende Rolle auf der Ebene des Deutschen Reiches mehr spielen.

Zurück in Paris, ist sein politisches Fazit ernüchternd. Statt des von ihm erhofften Aufschreis der Arbeiterklasse gegen Ungerechtigkeiten erstarkt im Deutsch-Französischen Krieg 1870/71 der Nationalismus, der alle internationalen Bemühungen der Solidarität der Arbeiterklasse zunichtemacht.

Hess stirbt 1875 in Paris, beigesetzt wird er auf dem jüdischen Friedhof in Köln-Deutz. Dort ist noch heute sein Grabstein zu besichtigen; seine Gebeine wurden jedoch 1961 nach Israel überführt und am See Genezareth bestattet.

Luise Straus-Ernst

Köln 1893–1944 Auschwitz

Ihr eigenes Leben und Werk stehen nur selten im Mittelpunkt des kulturhistorischen Interesses. Oft gilt die Aufmerksamkeit vor allem der Rolle, die sie in den Anfängen der künstlerischen Karriere des »Weltkünstlers« und Miterfinders des Surrealismus, des in Brühl bei Köln geborenen Max Ernst, gespielt hat. Dabei ist die Lebensgeschichte von Luise (Lou) Straus, die ihrem Nachnamen später den ihres Mannes hinzufügen wird, eine der erstaunlichsten, die sich Anfang des 20. Jahrhunderts finden lässt. Wir kennen sie vor allem aufgrund ihrer Autobiografie, die sie im Exil in Frankreich schreibt, wohl vorwiegend ab 1942. Das Manuskript gelangt durch eine Schweizer Freundin, die sich vor den Nazis hat retten können, in die Hände ihres Sohnes Jimmy Ernst, dem einzigen gemeinsamen Kind mit Max Ernst, der in die USA fliehen kann. Dieses Buch mit dem vielsagenden Titel »Nomadengut« erlaubt uns authentische Einblicke in eine individuelle Existenz, während Millionen anderer Lebensläufe von durch den Holocaust Ermordeten unserem historischen Gedächtnis spurlos verloren gingen.

Als jüngstes Kind des jüdischen Fabrikanten Jacob Straus und seiner Frau Charlotte, geb. Meyer, wächst Luise Straus nach einer materiell sorglosen Kindheit in eine Zeit hinein, deren latenter Antisemitismus sich innerhalb weniger Jahrzehnte zur Menschheitskatastrophe entwickeln sollte. Sie kann als Tochter aus einem liberalen jüdischen Haushalt ein Studium der Kunstgeschichte, Archäologie und Geschichte an der Universität Bonn beginnen und erfolgreich mit einer Promotion bei dem berühmten Paul Clemen abschließen. An der Universität lernt sie Max Ernst kennen, der, aus der Nachbarstadt Brühl kommend, ihr beim Zeichenunterricht hilft. Nach Rückkehr von Max Ernst aus dem Ersten Weltkrieg heiraten die beiden, und Jimmy Ernst wird geboren.

Abb. 3
August Sander, Mutter und Sohn, Lou Straus-Ernst mit Sohn Jimmy, Fotografie, 1928, Köln, August Sander Archiv

Von Anfang an unterstützt Luise Straus ihren Mann bei seinen Dada-Aktivitäten und trägt in hohem Maß dazu bei, Köln als eins der deutschen Zentren von Dada zu etablieren. Sie tut dies durch Besprechungen in Kunstzeitschriften und durch organisatorische Tätigkeiten, die aufgrund ihrer Beziehungen zur Kölner Kunstszene und den vielen Tageszeitungen erfolgreich gelingen. Überliefert ist ihr durchgängig produktiver Einfluss (auch als aktive Mitwirkung) auf die Entwicklung der Bewegung selbst. Im Haushalt von Luise Straus und ihrem Mann findet sich zu dieser Zeit alles ein, was Rang und Namen hat: Hans Arp, André Breton, Paul und Gala Eluard, Tristan Tzara, Johannes Baargeld, der ein enger Freund wird. Gala Eluard wird nach einigen gemeinsamen Urlauben dann jedoch zum Anlass für Max Ernst, seine Frau zu verlassen, nachdem eine kurze Zeit einer ménage à trois nicht funktioniert.

Luise Straus arbeitet danach als Kuratorin des Wallraf-Richartz-Museums und richtet dort eine vielbeachtete Ausstellung aus, wird als erste Frau sogar für eine kurze Zeit Direktorin des Hauses. Nach der Trennung von Max Ernst intensiviert sie ihre journalistische Tätigkeit und publiziert in vielen Zeitungen und Magazinen vornehmlich des Rheinlands. Durch die Nazis bedroht, verlässt sie Ende Mai 1933 Deutschland und exiliert nach Frankreich, wo sie sich zunächst in Paris eine neue Existenz als Korrespondentin aufbaut. Auch ihr berühmter Landsmann Heinrich Heine, den es gut einhundert Jahre zuvor ebenfalls aus politischen Gründen nach Paris verschlagen hatte, hatte sich als Schriftsteller und Dichter der ihm zunächst fremden politischen Korrespondenz gewidmet und – gleichzeitig mit Ludwig Börne – die heute noch aktuelle Funktion des engagierten Publizisten begründet. Für Luise Straus ist Heines Art der feuilletonistischen Berichterstattung mit ihrem aufklärerischen Engagement wegweisend, wenngleich die gesellschaftspolitischen Bezüge bei ihr weniger explizit im Vordergrund stehen.

Allmählich erweitert sie ihr Repertoire als Autorin, da es für Fachbeiträge zur Kunst nur eine begrenzte Nachfrage gibt. So verfasst sie zahlreiche feuilletonistische Berichte – etwa über den Architekten Le Corbusier – und kurze Erzählungen für mehrere internationale Zeitungen in deutscher Sprache, wie das »Pariser Tageblatt« und die »Pariser Tageszeitung«, die »Neue Zürcher Zeitung« und die ebenfalls in Zürich erscheinende »Weltwoche«. Ein wiederkehrendes Thema ihrer häufig parabelhaftigen Geschichten ist der Gegensatz zwischen einer glamourösen Luxuswelt und der nüchternen, oft von Armut geprägten Lebenswirklichkeit vieler Zeitgenossen, vor allem der aus Nazi-Deutschland geflüchteten Migranten, die in Paris unter bescheidensten Umständen ihr Leben fristen. Ihre »zeitliche Signatur«, mit der sie zu entdecken sucht, wie die faszinierende Weltstadt in einer von zunehmender politischer Spannung bestimmten Lage funktioniert, ist ihr Blick für das Alltägliche, die Beschreibung des exemplarischen Einzelschicksals. In einem lässig-beiläufigen Boulevardstil berichtet sie in hunderten Artikeln über die Geldnöte von Emigranten, über gesellschaftliche Außenseiter und die Erfahrung von Fremdenfeindlichkeit, aber auch über den »aufrechten Gang« und die Möglichkeiten, sich Akten der Behördenwillkür auf intelligente und elegante Weise zu widersetzen.

Luise Straus kann während der deutschen Besetzung, die allmählich ganz Frankreich umfasst, den deutschen Verfolgern nicht entgehen, obwohl es einige Versuche ihres Sohnes und ihres ersten Mannes, etwa durch eine erneute Ehe, gibt, sie zu retten. Sie wird nach Auschwitz deportiert und 1944 dort ermordet.

Jeanette Wolff

Bocholt 1888–1976 West-Berlin

Sie kommt im sogenannten Dreikaiserjahr zur Welt: der 1871 in Versailles zum deutschen Kaiser ausgerufene Wilhelm I. stirbt, sein Nachfolger lebt nur 99 Tage; ihm folgt der letzte Kaiser und preußische König auf den Thron. In diese Zeit hinein, von der niemand ahnt, dass sie unter der verantwortungslosen Führung der Monarchie und der Rechtskonservativen in Berlin und Wien in die erste Katastrophe des 20. Jahrhunderts münden wird, als Frau geboren zu werden, heißt gewöhnlich, im überkommenen Klischee der Frauenrolle aufzuwachsen. Nicht so Jeanette Wolff. Ihr Schicksal ist eines der faszinierendsten der nächsten Jahrzehnte, es steht für persönliche wie politische Emanzipation, für Leidensfähigkeit und Mut und ist geprägt vom lebendigen Bekenntnis zum jüdischen Glauben in einer Zeit des Mordens und der systematischen Vernichtung jüdischer Menschen in ganz Europa durch die Deutschen.

Jeanettes Vater ist Textilhändler in Bocholt, überzeugter Sozialist und gläubiger Jude. Wie viele aufgeschlossene deutsche Juden seiner Zeit sieht er im Sozialismus den wahren Fortschritt der Gesellschaft und verbindet mit der Überwindung der Klassenschranken die Hoffnung auf die endgültige Gleichstellung der Juden, die sie formal bereits mehrfach im 19. Jahrhundert erlangt, aber immer wieder politisch verloren haben. Als ältestes von weiteren 15 Kindern wird Jeanette, wie üblich, schon bald zur Erziehung der jüngeren Geschwister herangezogen. Da sich die Eltern eine Erziehung auf einer weiterführenden Schule nicht leisten können, schicken sie sie nach Brüssel zu Verwandten, wo sie aufgrund ihrer Kenntnisse der flämischen Sprache rasch heimisch und zur Erzieherin ausgebildet wird. In Brüssel begegnet sie russischen Emigrantinnen, über deren Schicksal sie in einer Zeitung einen ersten Artikel publizieren kann. Außerdem besucht sie Versammlungen der belgischen Sozialdemokraten und wird mit den Maximen des Sozialismus vertraut.

Abb. 4
Jeanette Wolff, Fotografie, um 1955

Zurück in Bocholt heiratet sie den Kaufmann Hermann Wolff.

In der Zeit nach dem Ersten Weltkrieg gerät sie schon bald bei öffentlichen Auftritten mit den Vertretern der NSDAP aneinander. Sie wird aufgrund ihres Redetalents und ihrer energisch vorgetragenen Art geschätzt und von der SPD-Organisation immer wieder zu Veranstaltungen im gesamten Rheinland und auch nach Holland und Belgien entsandt. Gleichzeitig arbeitet sie unermüdlich an der Verbesserung der Situation der armen Bevölkerungsschichten. In diesem Zusammenhang ist sie auch eine Mitbegründerin der Arbeiterwohlfahrt.

Gleich zu Beginn der Nazi-Herrschaft im Jahr 1933 wird sie verhaftet. Als sie erst zwei Jahre später freikommt, ist die Familie nach Dortmund umgezogen und steht wirtschaftlich aufgrund der Boykottpolitik der Nazis vor dem Ruin. Als Jüdin und Sozialdemokratin gerät Jeanette Wolff immer wieder ins Visier von SA und Gestapo, bis sie schließlich eine Odyssee durch verschiedene Ghettos und Konzentrationslager antreten muss. In den KZs wird fast ihre ganze Familie ermordet. Ihre Mutter verhungert, und ihr Mann wird 1944 erschossen. Ihr letztes KZ wird von den Russen befreit, sie und ihre Tochter werden fast verhungert und krank an Leib und Seele nach Berlin transportiert.

Umso bewundernswerter ist ihr Einsatz in der Nachkriegszeit. Ein attraktives Angebot, in New York publizistisch tätig zu sein, lehnt sie mit der Begründung ab, dass sie in Deutschland gebraucht werde, als »Jüdin, als aufrechter Demokrat und Sozialdemokrat«. Und in dieser Weise engagiert sie sich mit nie versiegender Energie: sie arbeitet am Aufbau der jüdischen Gemeinde mit, stärkt die SPD im Kampf gegen die von der SED und Moskau erzwungene Vereinigung im Osten Berlins und kämpft politisch für ein sozial gerechtes Nachkriegsdeutschland in Berlin und später auch im Deutschen Bundestag. Jeanette Wolffs Hoffnung, Deutschland werde nie wieder faschistisch und antisemitisch sein können, verfliegt rasch, vor allem als sie realisiert, dass in allen Ämtern und Funktionen, auf allen Ebenen des Staates alte Nazi-Seilschaften dafür sorgen, dass die Täter von gestern gestärkt und die überlebenden Opfer der Nazi-Diktatur jahrzehntelang vernachlässigt werden. In der Diskussion um Entschädigungen geißelt sie die CDU-Regierung unter Konrad Adenauer mit den Worten: »Wenn das Geld für die Pensionen der Nazi-Generäle reicht, dann müssen wir uns schämen, wenn wir nicht auch an die Opfer der Nazis denken.« Ohnehin fällt ihr ironischer und manchmal sarkastischer Humor, den sie bei vielen Reden immer wieder einsetzt, in besonderer Weise auf; so, wenn sie auf dem Bundesparteitag der SPD 1956 mit beißendem Sarkasmus ausführt: »Die Angehörigen der Legion Condor wurden in das Gesetz zu Artikel 131 [d.i.: Regelung der Angehörigen des öffentlichen Dienstes während der Nazi-Zeit] mit der Maßgabe eingereiht, dass man ihnen die in Spanien verbrachte Zeit der Bekämpfung demokratischer Ideen als doppelte Dienstzeit anrechnet.«

Beruflich wird sie 1951 in den Hauptvorstand der »Deutschen Angestellten-Gewerkschaft« gewählt.

Stets führt Jeanette Wolff ihre sozialpolitischen Überzeugungen auf die Ethik des Judentums zurück. In den Organisationen der allmählich wieder Fuß fassenden jüdischen Gemeinden betätigt sie sich sowohl in Berlin als auch auf Bundesebene. Sie sieht in der praktischen Anwendung ihrer religiösen Überzeugung eine Erfüllung der aktiven Rolle, die das Judentum dem Menschen abverlangt. 1965 wird sie zur stellvertretenden Vorsitzenden des Zentralrats der Juden in Deutschland gewählt. Dort widmet sie sich insbesondere der jüdischen Frauenarbeit und übernimmt Funktionen beim »Jüdischen Frauenbund« in Deutschland und im »International Council of Jewish Women«. Diese herausragenden Funktionen übt sie zehn Jahre lang mit großer Umsicht und Tatkraft aus. Auch innerhalb des konservativen patriarchalisch geprägten Judentums im Nachkriegsdeutschland sieht sie die Rolle der Frau als gleichberechtigt an und wirkt so gegen manchen Widerstand als Aufklärerin.

Nach zwei schweren Augenoperationen stirbt sie 1976 in West-Berlin.

DAS JÜDISCHE HAUS

Von Helmut Fußbroich

Das jüdische Haus ist neben der Synagoge ein sehr wichtiger Ort jüdischen Lebens. Aus diesem Grund ist ihm auch eine Vielzahl der Gebote zugeordnet.

DIE MESUSA

Am Eingang in ein jüdisches Haus und in eine jüdische Wohnung muss innerhalb von 30 Tagen nach dem Einzug jeweils am rechten Türpfosten eine aus Holz oder aus Metall gefertigte Mesusa (Türpfosten) angebracht werden. Sie birgt eine kleine Pergamentrolle mit einem Text aus dem 5. Buch Mose, Dewarim (Deuteronomium 6,9 und gleichlautend 11,20): »Du sollst sie auf die Türpfosten deines Hauses und in deine Stadttore schreiben.« (Er bezieht sich auf Deuteronomium 6,4–5.) Beim Eintreten wird die Mesusa berührt und dabei ein Segenswunsch gesprochen.

Mesusa und Hülse, Silber, gegossen, getrieben, England, zweite Hälfte 18. Jahrhundert, Jüdisches Museum Frankfurt am Main

DIE SPEISEGEBOTE

Bei der Führung eines jüdischen Haushalts sind vielfältige Speisegebote zu beachten. Sie umfassen sowohl die kultische Reinheit der Speisen als auch ihrer Zubereitung; das heißt, die Speisen müssen koscher sein. Diese Anforderungen erfüllt das Fleisch von Paarhufern und Wiederkäuern, die rituell geschlachtet, geschächtet, wurden, damit sie vollständig ausbluten konnten.

Ausgehend von dem Gebot, ein Zicklein nicht in der Milch seiner Mutter zu kochen (Schemot/Exodus 23,19 und Dewarim/Deuteronomium 14,21), dürfen Fleisch und fleischige Speisen unter keinen Umständen zusammen (sondern nur in dem von der Verdauung bestimmten zeitlichen Abstand) mit Speisen verzehrt werden, deren Grundsubstanz Milch ist. Um dies zu gewährleisten, sind solche Speisen (und ihre Zutaten) gesondert zu lagern, zu kochen und auch auf gesondertem Geschirr zu servieren (welches danach gesondert zu spülen ist); das gilt ebenfalls für das benutzte Besteck. Um Verwechslungen auszuschließen, verfügt jeder Haushalt deshalb über zwei komplette, gut zu unterscheidende Koch- und Essgeschirre.

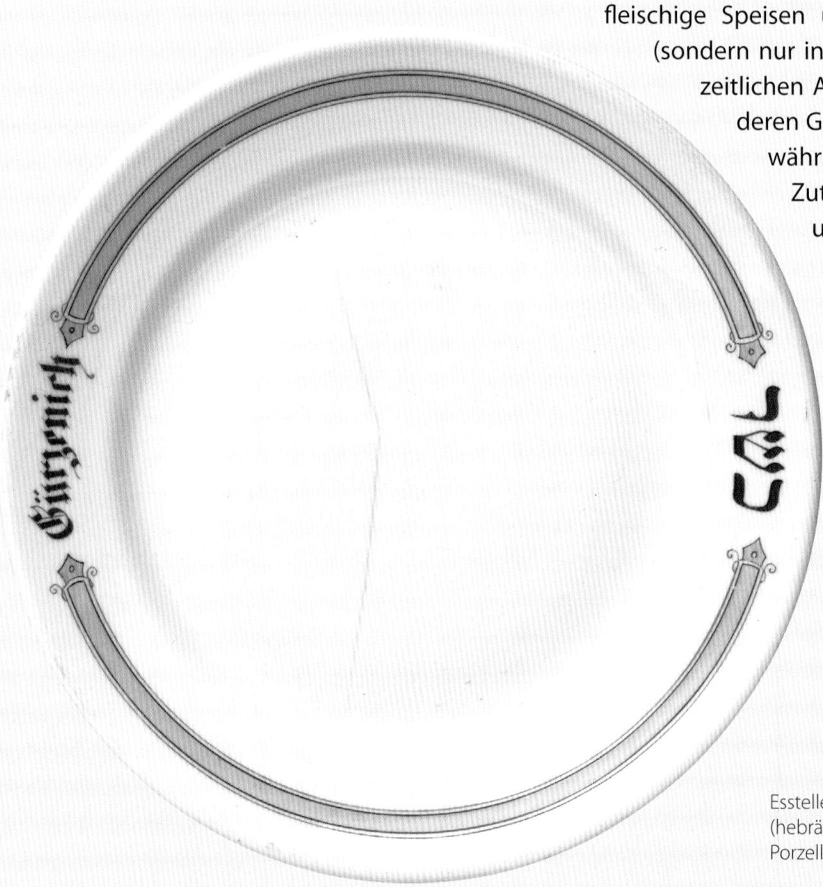

Essteller aus dem Kölner Gürzenich für koschere (hebräisch ›kascher‹, lt. Inschrift) Speisen, um 1900, Porzellan, Kölnisches Stadtmuseum

Vielfalt im Judentum – und was sie für die Zukunft hoffen lässt

»Erfordert der Auftrag, dem Reich Gottes den Weg zu bereiten, nicht eine Vielfalt von Begabungen, eine Mannigfaltigkeit der Rituale, Bemühen um Verstehen und Widerspruch? [...] In diesem Äon ist Vielfalt der Wille Gottes.«

Abraham J. Heschel

»Keine Religion ist eine Insel« lautet der Titel des Textes aus dem Jahr 1965, dem dieses Zitat entnommen ist. Autor ist Rabbiner Abraham J. Heschel (1907–1972), dessen familiäre Wurzeln im chassidischen Judentum Polens liegen. 1937 wurde er Nachfolger von Martin Buber am Jüdischen Lehrhaus in Frankfurt am Main. Im Exil in New York übernahm Heschel 1945 eine Professur am Jewish Theological Seminary of America, einer Universität jüdisch-konservativer Ausrichtung mit bedeutendem Rabbinerseminar. Unterschiedliche Strömungen des Judentums klingen mit in Abraham J. Heschels Postulat eines Zeitalters, in dem sich in der Polyphonie der Religionen göttlicher Wille ausdrückt.

Jüdische Aufklärung und Reformjudentum

Wenn wir heute von einer orthodoxen, ultra-orthodoxen, liberalen/progressiven oder konservativen Ausrichtung des Judentums sprechen, so meinen wir einen innerreligiösen Pluralismus, der im 19. Jahrhundert in Deutschland seinen Anfang nahm. Im Zuge der Haskala, der jüdischen Aufklärung, bildete sich in der ersten Hälfte des 19. Jahrhunderts eine Wissenschaft des Judentums heraus, in der sich Gelehrte historisch-kritisch mit der jüdischen Religion und mit der Geschichte des jüdischen Volks auseinandersetzten. Mit dem »Reformjudentum« entstand eine neue innerjüdische Ausrichtung, die sich zunächst vor allem auf eine Reform der Liturgie richtete. Im zuvor ausschließlich in Hebräisch (und Aramäisch) zelebrierten Gottesdienst spielte zunehmend auch die deutsche Sprache eine Rolle, wurden Predigten in der Landessprache ein regelmäßiges und zentrales Element. Die strikte Geschlechtertrennung in der Synagoge wurde im reformierten Judentum noch nicht aufgehoben. Die Frauen saßen weiterhin separat, zumeist auf einer Empore, aber es entfiel die zuvor übliche Trennwand (Mechiza), hinter der sie sich vor den Augen der Männer zu verbergen hatten.

Theologisch verläuft die Trennlinie zwischen orthodox und nicht orthodox in der unterschiedlichen Interpretation der Halacha. Dem im 16. Jahrhundert im Schulchan Aruch autoritativ zusammengefassten, auf jahrhundertelangen rabbinischen Diskussionen beruhenden jüdischen Religionsgesetz wird im orthodoxen Judentum (Selbstbezeichnung: »gesetzestreues Judentum«) bis heute verbindliche Gültigkeit zugesprochen. So wird das gesamte Leben in orthodoxen jüdischen Gemeinschaften durch die Beachtung der religiösen Gebote (Orthopraxie) geprägt. Seit der Emanzipationszeit verstanden sich auch orthodox lebende Juden und Jüdinnen als deutsche Bürger*innen, die nach gleichberechtigter Teilhabe strebten. Die Mehrzahl der deutschen Juden und Jüdinnen jedoch wandte sich im Lauf des 19. Jahrhunderts neuen Formen des Judentums zu, die ihrem Selbstverständnis als moderne (Staats-) Bürger*innen mehr entsprachen. Nur wenige verließen das Judentum ganz, für viele nahm jedoch die Bedeutung der Religion an sich ab.

Emanzipationsdekrete wie das preußische »Gesetz über die Verhältnisse der Juden« vom 23. Juli 1847 bereiteten den Weg zur Gleichberechtigung von Juden und Jüdinnen im gesellschaftlichen und politischen Leben. In der Reichsverfassung von 1871 schließlich wurde das Judentum allen anderen Konfessionen gleichgestellt. In den letzten Jahrzehnten des 19. Jahrhunderts zeugten selbstbewusste Synagogenbauten im Zentrum der Großstädte von einer veränderten Position der jüdischen Minderheit in der Gesellschaft.

Ein neuer Pluralismus

Der bürgerliche Aufstieg im Zeitalter der Industrialisierung, an dem die jüdische Minderheit teilhatte, wurde begleitet von der Herausbildung eines Proletariats in den Städten, zu dem eine Einwanderung von Juden aus Osteuropa hinzukam. Die Neuankömmlinge fanden sich in Arbeiterkultur- und Sportvereinen zusammen oder schlossen sich zionistischen Gruppierungen an, die es in Regionen wie dem rheinisch-westfälischen Industriegebiet in größerer Zahl gab. Genauso spiegelte sich in dieser Migrationsbewegung aber auch das osteuropäische Schtetl mit seiner orthodoxen Frömmigkeit und seiner strikten Trennung der Geschlechterrollen. In den Stadtvierteln, in denen sich das sogenannte Ostjudentum konzentrierte, entstand eine Vielzahl kleiner Betsäle. Orthodoxe Gemeindemitglieder nutzten aber nach wie vor auch eigene Räume in den Synagogen der Einheitsgemeinden, die auf die unterschiedlichen Gruppen Rücksicht nahmen und allen eine Teilhabe am Gemeindeleben zu ermöglichen suchten.

Die verschiedenen religiösen Strömungen schufen sich ihre eigenen Institutionen: Nach der Gründung des konservativen »Jüdisch-Theologischen Seminars« in Breslau 1854 und der reformorientierten »Hochschule für die Wissenschaft des Judentums« in Berlin 1872 (Mitbegründer: Abraham Geiger) legte als letzte auch die Orthodoxie in Berlin 1873 den Grundstein für ihre eigene theologische Ausbildungsstätte. Eine neue Generation akademisch gebildeter Rabbiner verschiedener Richtungen sollte die Gemeinden in Zukunft auch nach außen würdig vertreten können.

Ein »Austrittsgesetz« des preußischen Landtags, für das sich der neo-orthodoxe Frankfurter Rabbiner Samson Raphael Hirsch (1808–1888) eingesetzt hatte, ermöglichte es ab 1876, die örtliche Gemeinde zu verlassen, ohne aus der jüdischen Religionsgemeinschaft auszutreten. Einige ›Austrittsgemeinden‹ entstanden, so in Frankfurt und Berlin. Die Kölner »Adass Jeschurun« (Aufrechte Gemeinde) errichtete schon 1884 neben der eigenen Synagoge in der St. Apernstraße ein Schulzentrum mit Lehrerseminar, Grundschule und (ab 1919) dem Reformrealgymnasium Jawne; als eigenständige Gemeinde konstituierte sie sich 1906 unter ihrem Rabbiner Emanuel Carlebach.

Akkulturation und Selbstbehauptung

Der sich ausbreitende Antisemitismus stellte vieles in Frage, was an gesetzlicher Gleichstellung erreicht worden war. Bis zum Ende des Kaiserreichs blieben Juden höhere Positionen an Universitäten, in Verwaltungen und auch im Militär verwehrt. Im Ersten Weltkrieg meldeten sich mehr als 10000 jüdische Männer freiwillig zum Dienst für Deutschland, obwohl ihr Patriotismus immer wieder öffentlich in Frage gestellt wurde.

Die Weimarer Republik brachte endlich auch die faktische Gleichstellung und bot neue Bildungs- und berufliche Aufstiegschancen. Im Zuge der erhofften Akkulturation als wechselseitiger Beeinflussung von jüdischer Minderheit und christlicher Mehrheit nahmen Freundschaften und auch Eheschließungen zwischen christlichen und jüdischen Partner*innen weiter zu. Der großen Rolle, die der Bildung im Judentum zukam, entsprach der Weg in wissenschaftliche Laufbahnen und in freie Berufe wie Arzt/Ärztin oder Rechtsanwalt/Rechtsanwältin. Regina Jonas (1902–1944), 1924 als junge Studentin an der Hochschule für die Wissenschaft des Judentums immatrikuliert, sollte 1935 als weltweit erste Frau zur Rabbinerin ordiniert werden.

Der Rest der Geretteten

Der Abwehrkampf gegen den Antisemitismus, den die jüdischen Organisationen, darunter auch der »Jüdische Frauenbund«, in der Weimarer Republik mutig führten, war mit dem Machtantritt der Nationalsozialisten 1933 verloren. Bis zum Verbot der Auswanderung im Herbst 1941 gelang 254000 Menschen und damit etwa der Hälfte der jüdischen Bevölkerung die Flucht aus NS-Deutschland. Von den in die Vernichtungslager deportierten deutschen Juden und Jüdinnen erlebten nur 8000 die Befreiung. Zu dieser kleinen Gruppe von Überlebenden kamen im Mai 1945 Menschen hinzu, die sich durch das Untertauchen in einem Versteck oder als Partner in einer sogenannten Mischehe hatten retten können. Vor allem in der amerikanischen Zone wurden Auffanglager für die aus den Konzentrations- und Vernichtungslagern in Osteuropa befreiten Menschen errichtet. Die Überlebenden der Schoa in diesen sogenannten DP (Displaced Persons)-Camps gaben sich die Selbstbezeichnung »Sche'erit ha-Peleta«, der Rest der Geretteten.

Festzug anlässlich der Einweihung der neuen Synagoge am Wohlfahrtszentrum in Köln-Ehrenfeld, 2005

Jüdisches Leben im Nachkriegsdeutschland

Das jüdische Leben im Nachkriegsdeutschland war nicht auf Zukunft und Bleiben ausgerichtet. »Die Epoche der Juden in Deutschland ist ein für alle Mal vorbei.« Leo Baeck (1873–1956), der bedeutendste Repräsentant des liberalen Judentums in der Weimarer Republik und Leitfigur für liberale wie orthodoxe Juden und Jüdinnen noch in den Jahren der NS-Verfolgung, sah nach dem Zivilisationsbruch der Schoa keine Zukunft für eine jüdische Gemeinschaft in dem Land, von dem der millionenfache Mord an den europäischen Juden ausgegangen war. Das Bild vom Leben auf gepackten Koffern beherrschte auch die kleinen Restgemeinden in deutschen Städten noch viele Jahre lang.

In den DP-Camps erschienen eigene Zeitungen in jiddischer Sprache, die von Mut, Lebenswillen und einem vielfältigen kulturellen und sozialen Engagement berichteten. Die Gemeinden in den Städten organisierten Religionskurse für Kinder und Erwachsene, aber auch Theateraufführungen, Lesungen, Musik- und Sportveranstaltungen. Im April 1946 gründete der aus London zurückgekehrte Journalist Karl Marx das »Jüdische Gemeindeblatt für die Nord-Rheinprovinz und Westfalen«, aus dem die »Allgemeine Wochenzeitung der Juden in Deutschland« (heute: »Jüdische Allgemeine«) hervorgehen sollte.

Die neu gegründeten Gemeinden verstanden sich religiös als Einheitsgemeinden, orientierten sich nun aber, anders als vor 1933, mehrheitlich an der Orthodoxie. Das klassische deutsche liberale Judentum gab es hier nicht mehr, doch lebte es in den Emigrationsländern fort.

Konsolidierung und kritische Fragen

Schon im ersten Jahr nach der Befreiung schlossen sich Gemeinden zu Landesverbänden zusammen. Der im Juli 1950 gegründete »Zentralrat der Juden in Deutschland« verlieh einer aufkeimenden Hoffnung auf Dauerhaftigkeit Ausdruck. Die Abkehr von der vor 1933 üblichen Selbstbezeichnung »deutsche Staatsbürger jüdischen Glaubens« machte deutlich, dass es nicht um die Fortsetzung einer vergangenen Epoche ging und auch, dass jüdische Menschen ganz unterschiedlicher Herkunft in Deutschland lebten.

Eine Reihe von neuen Synagogen wurde in den 1950er und 1960er Jahren gebaut. Die Schändung der gerade erst eröffneten Synagoge in der Kölner Roonstraße durch aufgeschmierte Hakenkreuz-Symbole an Weihnachten 1959 bildete den Auftakt einer ganzen Serie von Straftaten, die auf die Virulenz des Antisemitismus in Deutschland verwiesen und die Sicherheit jüdischer Gemeinden in der Bundesrepublik in Frage stellten.

In den 1960er Jahren wurde die erste Generation nach der Schoa erwachsen. In Gruppen wie dem 1968 gegründeten »Bundesverband jüdischer Studenten« stellte man kritische Fragen, die die eigene Rolle in den Gemeinden und in der Gesellschaft einbezogen. Viele sahen ihre Zukunft nicht in Deutschland. Die Gemeinden verzeichneten auch in den 1970er Jahren wenig Zuwachs und gewannen kaum an neuem Profil. Niemand hätte damit gerechnet, dass im letzten Jahrzehnt des 20. Jahrhunderts ganz neue Herausforderungen, aber auch enorme Chancen auf die jüdische Gemeinschaft in Deutschland zukommen würden.

Jüdische Gemeinden mit großen Aufgaben

Die Einwanderung von etwa 220 000 Jüdinnen und Juden aus den Nachfolge-Staaten der zerfallenen Sowjetunion, die zwischen 1990 und 2005 in mehreren Schüben erfolgte, veränderte die jüdische Gemeinschaft im wiedervereinten Deutschland grundlegend. Auch wenn letztlich weniger als die Hälfte der Neuankömmlinge den Anschluss an eine jüdische Gemeinde suchte, so verdoppelten bis verzehnfachten sich doch überall innerhalb weniger Jahre die Mitgliederzahlen. Angebote für Kinder genauso wie für Senior*innen, Deutschunterricht und Sozialberatung mussten erweitert oder ganz neu eingerichtet werden. Viele der aus der säkularen Sowjetunion stammenden neuen Mitglieder brachten nur wenig Wissen über die jüdische Religion mit. Die Gemeinden erbrachten in der Folge gewaltige Integrationsleistungen. Ihre neuen Kompetenzen hatten auch eine weitere Öffnung nach außen und ein zunehmendes Selbstbewusstsein in der gesellschaftlichen Interaktion zur Folge.

Vielfalt und Diversität

Jüdisches Leben in Deutschland ist diverser und vielfältiger geworden. Das gilt auch für das innerreligiöse Spektrum. Im Jahr 2005 trat neben die »Orthodoxe Rabbinerkonferenz« (ORD) die »Allgemeine Rabbinerkonferenz Deutschland« (ARK), die verschiedene Strömungen des Judentums vertritt. Heute gibt es in Deutschland Gemeinden unterschiedlichster Ausrichtung. Gemeinsam ist den nicht orthodoxen (liberalen oder konservativen) Richtungen die Gleichberechtigung der Geschlechter in allen religiösen Fragen. Am »Abraham Geiger Kolleg« in Potsdam werden Männer und Frauen für das Rabbinat ausgebildet; die ARK hatte Anfang 2021 acht weibliche Mitglieder.

Zur neuen Vielfalt gehört ein größer werdender Anteil vor allem junger Juden und Jüdinnen, die sich als nicht oder wenig religiös und trotzdem als »irgendwie jüdisch« verorten. Diese jüngeren Erwachsenen innerhalb und außerhalb der Gemeinden mischen sich ein in gesellschaftliche Auseinandersetzungen und finden sich in neuen Allianzen gegen Rassismus und Antisemitismus zusammen. Das »Ernst Ludwig Ehrlich Studienwerk« unterstützt nicht nur jüdische Studierende, sondern macht jüdische Stimmen in der heutigen Gesellschaft hörbar. Das »Kompetenzzentrum für Prävention und Empowerment«, angegliedert an die Zentralwohlfahrtsstelle der Juden in Deutschland, leistet nicht nur konkrete Unterstützung, sondern umfassende Antisemitismus-Forschung und Politikberatung. Vergleichbare Arbeit leisten auch Initiativen, die an örtliche Gemeinden angeschlossen sind, wie die Düsseldorfer Servicestelle SABRA.

Zur unabdingbaren Voraussetzung einer pluralistischen Gesellschaft, so noch einmal der eingangs zitierte Abraham J. Heschel, gehören gegenseitige Achtung und Respekt vor dem jeweils Anderen. Auf welcher Basis, so fragt Heschel, begegnen Menschen mit unterschiedlichen religiösen Überzeugungen einander? Und seine Antwort lautet: »Zuallererst begegnen wir uns als Menschen, die so vieles gemeinsam haben: ein Herz, ein Gesicht, eine Stimme, eine Seele, Ängste, Hoffnungen, die Fähigkeit zu vertrauen, offen zu sein für Mitleid und Verständnis, kurz, ein Glied der Menschheitsfamilie zu sein.«

Dieses Zitat aus dem Jahr 1965 klingt heute so modern und zukunftsweisend, wie es unserer gemeinsamen Gegenwart im 21. Jahrhundert entspricht.

Literatur

Bodemann, Y. Michal / Brumlik, Micha (Hrsg.), *Juden in Deutschland – Deutschland in den Juden · Neue Perspektiven,* Göttingen 2010

Brenner, Michael, *Nach dem Holocaust: Juden in Deutschland, 1945–1950,* München 1995

Brenner, Michael (Hrsg.), *Geschichte der Juden in Deutschland von 1945 bis in die Gegenwart · Politik, Kultur und Gesellschaft,* München 2012

Czollek, Max, *Gegenwartsbewältigung,* München 2020

Grübel, Monika / Mölich, Georg (Hrsg.), *Jüdisches Leben im Rheinland · Vom Mittelalter bis zur Gegenwart,* Köln u.a. 2005

Herzig, Arno / Rademacher, Cay, *Die Geschichte der Juden in Deutschland* (=Schriftenreihe der bpb, Bd. 692), Bonn 2008

Heschel, Abraham J., Keine Religion ist ein Eiland, in: Rotschild, Fritz A. (Hrsg.), *Christentum aus jüdischer Sicht · Fünf jüdische Denker des 20. Jahrhunderts über das Christentum und sein Verhältnis zum Judentum* (=Veröffentlichungen aus dem Institut Kirche und Judentum, Bd. 25), Berlin / Düsseldorf 1998, S. 324–341 (erste Druckfassung des 1965 in New York gehaltenen Vortrags in: Union Theological Seminary Quarterly Review, Bd. 21, 1966)

Homolka, Walter / Fegert, Jonas / Frank, Jo (Hrsg.), *»Weil ich hier leben will …«: jüdische Stimmen zur Zukunft Deutschlands und Europas,* Freiburg u.a. 2018

Jalta · Positionen zur jüdischen Gegenwart, hrsg. von Micha Brumlik, Marina Chernivsky, Max Czollek, Hannah Peaceman, Anna Schapiro und Lea Wohl von Haselberg (ab 2017)

Kaplan, Marion (Hrsg.), *Geschichte des jüdischen Alltags · Vom 17. Jahrhundert bis 1945,* München 2003

Körber, Karen (Hrsg.), *Russisch-jüdische Gegenwart in Deutschland · Interdisziplinäre Perspektiven auf eine Diaspora im Wandel* (=Schriften des Jüdischen Museums Berlin, Bd. 3), Göttingen 2015

Meyer, Michael A. (Hrsg.), *Deutsch-jüdische Geschichte in der Neuzeit,* 4 Bde., München 1996–1997

Richarz, Monika, *Jüdisches Leben in Deutschland · Selbstzeugnisse zur Sozialgeschichte (1780–1945),* 3 Bde., Stuttgart 1976–1982 (Kompaktausgabe: Bürger auf Widerruf · Lebenszeugnisse deutscher Juden 1780–1945, München 1989)

Schneider, Richard Chaim, *Wir sind da! Die Geschichte der Juden in Deutschland von 1945 bis heute,* Berlin 2000

Volkov, Shulamit, *Die Juden in Deutschland 1780–1918* (=Enzyklopädie deutscher Geschichte, Bd. 16), München [2]2002

Wiese, Christian / Alkier, Stefan / Schneider, Michael (Hrsg.), *Diversität – Differenz – Dialogizität · Religion in pluralen Kontexten,* Berlin 2017

Wiese, Christian / Kiesel, Doron (Hrsg.), *Gottesverständnisse im Judentum · Traditionen und Interpretationen,* Leipzig 2021

Zimmermann, Moshe, *Die deutschen Juden 1914–1945* (=Enzyklopädie deutscher Geschichte, Bd. 43), München 1997

Zuckermann, Moshe (Hrsg.), *Zwischen Politik und Kultur · Juden in der DDR* (Institut für Deutsche Geschichte, Universität Tel Aviv), Tel Aviv 2002

JÜDISCHE FEIERTAGE

Von Helmut Fußbroich

Die jüdischen Feier- und Gedenktage haben kein festes Datum. Sie richten sich entsprechend dem jüdischen Kalender nach den Mondphasen. Damit die Monate immer in dieselbe Jahreszeit fallen, werden Schaltmonate zur Angleichung an den Sonnenzyklus eingesetzt.

Kiddusch-Kelch mit hebräischer Inschrift, Silber, vergoldet, Augsburg, 1737/1739, Wien, Judaika-Sammlung Max Berger

SCHABBAT

Dem Schöpfungsbericht zufolge ruhte Gott am letzten Tag des siebentägigen Schöpfungsgeschehens. Im Gedenken daran wird der siebte Tag der Woche, der Schabbat (ruhen), als Tag der Ruhe begangen, und es wird des Auszugs der Israeliten aus Ägypten gedacht. Wegen seiner religionsgeschichtlichen und damit auch religiösen Bedeutung verleihen ihm eine Anzahl von religionsgesetzlichen, halachischen, Vorgaben eine festigende Struktur: Der Ruhetag beginnt am Freitagabend nach Einbruch der Dämmerung und endet am Samstagabend bei einsetzender Dunkelheit. Die am Schabbat gebotene Ruhe soll dem Studium, der religiösen Reflexion und der Familie dienen. Deshalb darf am Schabbat nichts Neues im Sinne von Arbeit geschaffen werden. Auch die Wegstrecke, der Schabbat-Weg, die zur Teilnahme am Gottesdienst in der Synagoge zurückzulegen ist, ist am Schabbat auf 2000 Ellen (rund 1 Kilometer) begrenzt. Zu Beginn des Schabbat entzündet die Hausfrau das Schabbat-Licht, das den gebotenen häuslichen Frieden symbolisiert. Ein besonderer Höhepunkt ist ein vom Familienoberhaupt gesprochener Segen, dem ein zweiter Segen, der Kiddusch, folgt, der über einem Laib Brot und über einem mit Wein randvoll gefüllten Becher, dem Kiddusch-Becher, gesprochen wird. Die Besonderheit dieses Segens

Bessamim (Besomim)-Büchse, Silber, teilvergoldet, Deutschland (?), 1732, Kölnisches Stadtmuseum

findet sowohl in der materialen Kostbarkeit als auch in der künstlerischen Gestaltung des Bechers ihren Ausdruck. Weil am Schabbat das Kochen verboten ist, sind alle Speisen bereits am Freitag zubereitet und dann warm gestellt worden. Der Ruhetag klingt mit der Hawdala (Trennung) aus. Diese Zeremonie beginnt mit der Rezitation von Bibelversen. Es folgt der sogenannte Gewürzsegen, der über der mit wohlriechenden Gewürzen, den Bessamim, gefüllten silbernen Bessamim-Büchse gesprochen wird. Damit der Duft der Gewürze – wie Nelken, Zimt und Orangenblüten – ausstrahlen und das Haus erfüllen kann, ist dieses meist als Türmchen gestaltete Gefäß stark perforiert. Während des Rituals brennt die Hawdala-Kerze. Ihre drei miteinander verflochtenen Dochte erinnern an die Schöpfung von Licht, von Adam und von Eva. Die Kerze steht auf einem eigens dafür vorgesehenen Teller, dem Hawdala-Teller. Zum Ende der Feier wird sie mit Wein gelöscht, um den hohen religiösen Rang des Tages zu symbolisieren.

Hawdala-Leuchter mit Bessamim (Besomim)-Büchse, Silber, getrieben, gegossen, ziseliert, Mainz, 1777, Kölnisches Stadtmuseum

ROSCH HA-SCHANA (KOPF DES JAHRES)

Neujahr (Rosch ha-Schana), eines der höchsten Feste des Judentums, wird im Herbst, 163 Tage nach Pessach gefeiert. Unverzichtbares Ritual bei dem zweitägigen Fest ist das Blasen des Schofar, eines Widderhorns. Es anzuhören ist verpflichtend, denn der erste Tag des jüdischen Jahres ist ein Tag des Gerichts, ein Tag der Selbstreflexion. Das Schofar-Blasen ist demnach eine akustische Aufforderung, seine eigene Lebensführung kritisch zu betrachten.

Schofar, Widderhorn mit hebräischen Inschriften, Deutschland, 18. Jahrhundert, Wien, Judaika-Sammlung Max Berger

JOM KIPPUR

Acht Tage später, am Versöhnungstag (Jom Kippur), soll auf die am Neujahrsfest vorgenommene Selbstreflexion reagiert werden. Deshalb spricht die Familie am Vorabend ein Sündenbekenntnis und nimmt nach dem Bad eine letzte Mahlzeit ein. Für den Festtag selbst ist strenges Fasten vorgeschrieben; verbracht wird dieser Tag in der Synagoge.

PURIM

Im Frühjahr wird mit dem dreitägigen Purim-Fest der Sieg über Haman, einen hohen Regierungsbeamten am persischen Königshof, gefeiert. Dazu werden Geschenke auch an Notleidende verteilt. Hamans Mordkomplott gegen den persischen König Xerxes (468–465 v. d. Z.) wurde von dem Juden Mordechai vereitelt. Zum Dank lässt ihn Xerxes königliche Gewänder tragen. Haman will sich jetzt mit seinen Truppen nicht nur an Mordechai, sondern am gesamten jüdischen Volk rächen. Per Los (Purim) legt er den Tag fest, an dem alle Juden sterben sollen. Die Königin Ester bekennt Xerxes ihre jüdische Identität und erwirkt seine Erlaubnis, dass die Juden sich im Kampf verteidigen dürfen.

Am Festtag wird Esters Geschichte, die im Buch Ester aufgezeichnet ist, vorgelesen. Wann immer der Name Haman fällt, veranstalten die farbenfroh kostümierten Kinder großen Lärm, den sie mit hölzernen Rasseln, den Purim-Rasseln, erzeugen. Die Erwachsenen reagieren auf ihre Weise mit Lärm. Der Text der Ester-Erzählung muss wegen der hohen Bedeutung für die Judenheit auf Pergament geschrieben werden. Er wird um einen Stab gerollt und in einer schützenden, meist metallenen Hülse, der Ester-Megilla, aufbewahrt.

Ester-Megilla, Pergament, Deutschland (?), 17./18. Jahrhundert; Hülse aus Silber, teilvergoldet, Deutschland (?), 19. Jahrhundert, Kölnisches Stadtmuseum

Purim-Rassel, Holz, Messing, 19. Jahrhundert, New York, The Jewish Museum

JOM HA-SCHOA (TAG DER KATASTROPHE)

Am Opfergedenktag wird in Israel eine Woche nach Pessach der Opfer des Nationalsozialismus gedacht. Außerhalb von Israel wird Jom ha-Schoa am 19. April begangen, weil 1943 an diesem Tag der letzte deutsche Angriff auf das Warschauer Ghetto begann.

Das Pessach-, das Schawuot- und das Sukkot-Fest werden Wallfahrts- bzw. Erntefeste genannt, weil die Israeliten einst an diesen Tagen nach Jerusalem pilgerten, um im Tempel einen Teil der Ernteerträge zu opfern. Zugleich sind es mehrtägige Feste der Freude, Schalosch Regalim, über die eingebrachte Ernte.

PESSACH

Pessach wird mit »Überschreitung« übersetzt und erinnert daran, dass Gott die Häuser der Juden ›überschritt‹, will sagen verschonte, als er die kampffähigen Erstgeborenen der Ägypter tötete. Dadurch ermöglichte er den Auszug der Israeliten aus Ägypten und somit ihre Befreiung aus der Sklaverei. Das Pessach-Fest im März/April ist das früheste der drei Wallfahrts- bzw. Erntefeste.

Am Vortag, dem sogenannten Rüsttag, wird alles im Haus befindliche Gesäuerte, also alle Speisen, die vergorene Körner und Mehle enthalten, zusammengetan, um es zur Mittagszeit des Festtags rituell zu verbrennen.

Die abendliche Feier zur Erinnerung an den Auszug aus Ägypten folgt einer vorgeschriebenen Ordnung (Seder). Die Speisen werden auf dem Seder-Teller gereicht. Mazza, das ungesäuerte ›Brot des Elends‹, erinnert an die Unterdrückung durch die Ägypter. Am Tisch stehen eine zusätzliche Sitzgelegenheit und der besonders kostbare Elia(s)-Becher mit Wein gefüllt für den Propheten Elia(s) bereit. Seine Ankunft wird für diesen Abend erwartet, denn er soll nicht verstorben, sondern in den Himmel aufgefahren sein. An beiden Abenden des Festes wird aus dem Buch Haggada (Erzählung) der Abschnitt über den Auszug der Israeliten aus Ägypten gelesen.

Seder-Teller, Zinn, 19. Jahrhundert, Sammlung Abraham Pisarek

SCHAWUOT

Das Fest wird sieben Wochen (Schawuot) nach Pessach als Fest der Erstlingsfrüchte gefeiert. Als Danksagung werden Synagogen und Häuser oft mit Blumen und Früchten geschmückt. Höhepunkt des Festes ist die Lesung der Zehn Gebote und damit die Erinnerung an die Übergabe der Gesetzestafeln an Moses auf dem Berg Sinai.

Etrog-Dose, Silber, 18. Jahrhundert

SUKKOT

Das im Herbst gefeierte siebentägige Laubhüttenfest erinnert an den vierzigjährigen Aufenthalt der Israeliten in der Wüste. Während der Feiertage nimmt die Familie ihre Mahlzeiten in einer aus Laub gefertigten Hütte ein, der Sukka. Mit ihrer Instabilität und absehbaren Vergänglichkeit soll die Sukka an das Leben der Israeliten erinnern, die 40 Jahre lang in Hütten leben mussten. Mit dem verwendeten Laub wird zudem an die Vergänglichkeit des Lebens gemahnt. Die im Freien aufzustellende Hütte darf nur drei Wände haben, und ihr Laubdach soll lichtdurchlässig sein.

Das Laubhüttenfest ist das letzte der Wallfahrts- bzw. Erntefeste, denn es wird zur Obst- und Weinlese begangen. Ausdruck der Freude ist das Schwenken eines Feststraußes, der mit dem Etrog, einer Zitrusfrucht, sowie mit Weiden-, Palm- und Myrtenzweigen gebunden wird. Weil der Etrog vollkommen unbeschädigt sein muss, wird er in einer metallenen Schale (oder Dose), der Etrog-Schale, aufbewahrt, die oft der Form der Frucht nachgebildet ist.

CHANUKKA

Das Lichter- oder Weihefest wird im November/Dezember zur Erinnerung an die Wiedereinweihung des zweiten jüdischen Tempels in Jerusalem durch Juda Makkabi im Jahr 164 v. d. Z. acht Tage lang, auch öffentlich, gefeiert.

Einer Legende zufolge ist bei der Entweihung des Tempels durch die Syrer ein einziges Fläschchen mit geweihtem Öl von den Feinden übersehen worden. Wundersamerweise soll die ansonsten nur für einen Tag ausreichende Menge acht Tage lang gebrannt haben. Damit war das befürchtete Erlöschen der Menora verhindert und die notwenige Zeit für die Herstellung neuen Öls gegeben. Um die Erinnerung an dieses für den Kult bedeutsame Ereignis wachzuhalten, ist der Chanukka-Leuchter mit seinen neun Brennstellen entwickelt worden. Sie ermöglichen es, an jedem der acht Feiertage vor Sonnenuntergang ein Licht anzuzünden, das von der neunten Brennstelle, dem Schammasch (Diener), entnommen wird. Der Chanukka-Leuchter kann sowohl nach Art einer Bank mit acht nebeneinander angeordneten Brennstellen oder als Standleuchter mit acht Armen gestaltet sein – der Schammasch ist bei diesen Typen separat angebracht.

Chanukka-Leuchter in Form eines Pfaus, Silber, Deutschland, Wien, Judaica-Sammlung Max Berger

Juden in Deutschland heute – und was ihr Leben hier einfach selbstverständlicher machte

Frau Weisband, im Deutschen Bundestag haben Sie gemeinsam mit Charlotte Knobloch, der Präsidentin der Israelitischen Kultusgemeinde Oberbayern und München, am Holocaust-Gedenktag gesprochen – in diesem Jahr feiern wir Konstantins Dekret vor 1700 Jahren. Grundsätzlich sind Sie aber der Meinung, dass Jüdinnen und Juden außerhalb von Gedenktagen so gut wie nicht stattfinden in Deutschland. Das würden Sie gern ändern, nicht wahr?

MW: Mein Problem als in Deutschland lebende Jüdin ist, dass unsere Existenz traditionell immer nur wahrgenommen wird in Bezug auf den Holocaust. Wir bleiben als Menschen stets damit assoziiert – wenn ich mich als Jüdin zu erkennen gebe, ernte ich ein gewisses Mitgefühl. Das würde ich gern aufbrechen, dahingehend, dass unsere Repräsentation in der Gesellschaft über das Gedenken hinausgeht. Das ist schwer, denn die wenigen Juden, die in Deutschland leben, finden hauptsächlich zu Gedenktagen Gehör.

Wie könnte diese veränderte, erweiterte, vermutlich stärker am Heute orientierte Repräsentation aussehen?

MW: Ich denke, dass viel häufiger die ganz normalen Jüdinnen und Juden, die in diesem Land leben, gezeigt werden sollten – ihre Geschichten: Ich empfand den Film »Masel Tov Cocktail« über einen jungen deutschen Juden, der mit Antisemitismus an seiner Schule konfrontiert wird, in dieser Hinsicht als einen Durchbruch. Es gibt glänzende Essays darüber, wie es Familien aus der ehemaligen Sowjetunion in Deutschland geht – welche Erwartungen sie hatten, und wie die Wirklichkeit aussieht. All das trägt dazu bei, dass man sich in andere hineinversetzen kann, aber das geschieht leider zu selten.

Glauben Sie aber wirklich, dass es möglich ist, sich in Deutschland von der Geschichte zu lösen – von dieser Geschichte, die einen Zivilisationsbruch darstellt?

MW: Natürlich wird sie immer eine Rolle spielen, aber das bedeutet doch nicht, dass alles andere weggedrängt wird. Wovon wir uns lösen sollten, ist zum Beispiel das reflexhafte Mitleid für alles Jüdische – genauso, wie man Muslime nicht automatisch mit Rassismus oder Anschlägen in Verbindung bringen sollte.

Sie engagieren sich stark in Bildungsfragen und Schule – sind das zentrale Punkte, um über das zeitgenössische jüdische Leben aufzuklären?

MW: Ich glaube nicht, dass Antisemitismus eine Frage von Bildung oder Unbildung ist. Man kommt gegen Antisemitismus nicht mit Bildung an, à la: Ich zeige euch Juden, und das sind gar keine schlimmen Menschen. Das ist nicht das Problem. Was ich konkret mache, sind Schülerbeteiligungsprojekte, das heißt, ich möchte an die Wurzel gruppenbezogener Menschenfeindlichkeit gelangen, an der es erlebte Hilflosigkeit, Kontrollverlust gibt. Wenn man sich selbst hingegen als Gestalter seiner Gesellschaft und Umgebung empfindet, kommt man erst gar nicht an den Punkt, an dem man jemand anderen für das eigene Leid verantwortlich machen muss. Der Kern des Antisemitismus, seine Urerzählung, besteht im Glauben an eine Verschwörung von Mächten, die die Geschicke der Welt steuern. Und diesen Kern sieht man zum Beispiel auch da, wo Schülerinnen und Schüler nicht an die eigene Gestaltungsmöglichkeit glauben: Die Lehrerinnen und Lehrer machen doch eh, was sie wollen! Die da oben!

Sie verschieben also die Perspektive ein wenig?

MW: Ich sage den Schülerinnen und Schülern, dass sie mächtig, dass sie eine Gemeinschaft sind. Dass es sich um ein demokratisches Projekt handelt, dass es zur Durchsetzung von Ideen darum geht, Verbündete zu finden und Überzeugungsarbeit zu leisten und auch auf die Bedürfnisse von Minderheiten zu achten. In der Konsequenz wächst eine solche Schulgemeinschaft enger zusammen und bindet auch Minderheiten stärker ins Gespräch ein.

Das Wort »Jude« ist auf Schulhöfen zum Schimpfwort geworden. Haben Sie diese Erfahrung auch gemacht?

MW: Das ist so, aber auch hier gilt: Je intensiver Lehrerinnen und Lehrer den Austausch mit Schülerinnen und Schülern suchen, desto besser lässt sich ein solcher Sprachgebrauch ansprechen. Ein großes Problem ist, dass es gar keine Zeit an den meisten Schulen gibt, diese Dinge zu erörtern. Deswegen mache ich Bildungspolitik, weil ich daran glaube, dass wir für solche Diskussionen viel mehr Raum brauchen und es nicht das einzige Ziel der Schule sein kann, den Stoff für die nächste Mathe-Klausur durchzubringen.

Kommen wir auf Ihren eigenen Alltag zu sprechen: Leben Sie Ihr Judentum so, dass man es von außen erkennt?

MW: Als Frau, die nicht orthodox ist, gibt es relativ wenig, was man zu erkennen geben kann. Ich bin eine gläubige Person, wenn auch nicht tiefreligiös. Ich folge also nicht allen Geboten – eine Weile lang habe ich tatsächlich jeden Freitag die Gemeinde in Münster besucht, das ist nicht mehr so, aber ich feiere die Feste, ich erziehe meine Tochter im jüdischen Glauben insofern, als ich es ihr zumindest anbiete. Wenn sie erwachsen ist, ist es ihre Entscheidung, ob sie dem weiter folgt.

Ist Judentum mehr als die Religion?

MW: Ja. Ich selbst bin nicht-religiös aufgewachsen, wie die meisten aus der Sowjetunion stammenden Jüdinnen und Juden waren meine Eltern Atheisten. Es war mir nicht bewusst, dass vieles von dem, was ich mitbekam, mit dem Judentum zusammenhängt. Aber es gibt eine Form von Humor, von Weltverständnis, die dezidiert jüdisch ist. Ich habe zum Beispiel in Münster Menschen kennengelernt, die aus Südafrika, Paraguay, aus Mexiko, aus England kommen, und sie alle teilen eine Art von Humor, wir alle teilen Elemente einer gemeinsamen Kultur, obwohl wir aus verschiedenen Erdteilen stammen. Die Religion ist natürlich wertstiftend. Sie trägt die Freude am Diskutieren in sich, allein, weil sie auf Diskussion beruht. Und sie trägt in sich, dass man anderen wohlwollend begegnet. Ich hatte in Münster viele Gespräche mit dem Rabbiner, in deren Verlauf ich den Kern meiner Religion fand: Wie verhalte ich mich, um ein anständiger Mensch zu sein? Das speist die Religion auch dann in den moralischen Kodex ein, wenn man diesen nicht als explizit religiös begreift.

Welche Rolle spielt die Schoa für das Judentum?

MW: Man entkommt dem nicht. Für mich war es der große Schock meiner Jugend, davon zu erfahren.

Wann war das?

MW: Ich kann mich nicht genau daran erinnern, weiß aber, dass dann, als wir den Holocaust in der Schule durchnahmen, ich das alles nicht auf mich bezogen habe. Natürlich hatte ich damals in der ersten Zeit in Deutschland auch noch sprachliche Probleme, auf der anderen Seite habe ich aber ein Erlebnis noch aus Kiew, als ich erst sechs Jahre alt war. Damals besuchten wir das Museum der Geschichte des Großen Vaterländischen Krieges, in dem es riesige Fotografien gab: Kinder hinter KZ-Zäunen. Das hat mich nachhaltig geschockt. Aber ich habe es nicht mit dem Geschichtsunterricht zusammenbringen können, den ich hatte. Das kam später, als meine Mutter sagte: Das betraf auch uns, da gab es Deinen Großvater, der gegen das NS-Regime gekämpft hat. Dann habe ich die Gedenkstätte Bergen-Belsen besucht, dort bin ich in Ohnmacht gefallen, weil der Eindruck zu heftig war. Es hat mich sehr viel Mühe gekostet aufzuarbeiten, wie meine eigene Familie durch die Zeit gekommen ist, weil vieles im Vagen blieb – und andererseits bin ich mit massiven Gruselgeschichten groß geworden. Ich bin groß geworden im zerstörten Zutrauen zur menschlichen Natur.

Es sind traumatische Erfahrungen und ein traumatisches Erbe, die sich durch die Generationen ziehen. Arbeiten Sie daran, wenn Sie an die nächste Generation denken, an Ihre Tochter?

MW: Natürlich kann man daran arbeiten. Ich bin ein großer Fan von Therapie, kein Wunder – ich bin Psychologin. Ich weiß, dass es wichtig ist, meinem Kind Geborgenheit zu vermitteln. Gleichzeitig bin ich ein Mensch, der immer mit allem rechnet. Ich habe kleine Taschen gepackt, die ich nur noch in den Koffer werfen muss; als die AfD in den Bundestag eingezogen ist, habe ich tatsächlich nachgeschaut, was mein Mann an Papierkram ausfüllen müsste, um die israelische Staatsbürgerschaft zu beantragen; ich bin zu jedem Zeitpunkt bereit, das Land zu verlassen, oder ich rechne damit, dass meine Ersparnisse plötzlich nichts mehr wert sind, dass ich keinen Zugriff mehr habe auf meine Wertsachen – das einem Kind nicht weiterzugeben, ist eine extreme Herausforderung.

Ist es wünschenswert?

MW: Ich weiß es nicht! Ich weiß nicht, ob es nicht sogar gut wäre, all das meiner Tochter weiterzugeben, damit sie genauso bereit ist wie ich, zumal sie in einer Welt aufwachsen wird, die vom Klimawandel geprägt ist.

Umgekehrt gibt es die Last des Schweigens. Das Schweigen, das noch viel schlimmer sein kann und sich traumatischer auswirkt als das Reden. Kennen Sie diese Erfahrung?

MW: Ältere Menschen schweigen über ihre Gefühle und reden viel über die Katastrophen – zumindest bei uns war es so. Das steht in einem Missverhältnis zueinander: Die Aufarbeitung der eigenen Betroffenheit kommt viel zu kurz, aber die Gruselgeschichten ergreifen Besitz von einem – ich komme aus Kiew, deshalb bin ich mit den sehr, sehr bildhaften Geschichten von Babyn Jar aufgewachsen. Es ging bei denen, die davon erzählten, nie um die eigenen Gefühle, sie selbst tauchten in diesen Geschichten niemals auf. Es ging immer ums Nacherzählen, um die Schilderung des Geschehenen.

Wie in einer Zeitschleife?

MW: Genau. Als hätten sie das alles im Fernsehen gesehen – es war schwer, einen emotionalen Bezug dazu herzustellen, und gleichzeitig war man zutiefst erschüttert. Die Freundinnen meiner Oma, meine Großtanten, von denen ich diese Geschichte hörte – ich glaube, sie konnten gar nicht anders.

Können Sie sich an Ihre Ankunft in Deutschland erinnern? Was ging in Ihnen vor?

MW: Ich erinnere mich an die letzten Wochen in Kiew, die ich im Bewusstsein verbrachte, bald fortzugehen; die ich damit verbrachte, großherzig meine Puppen zu verschenken, weil es dort, wo ich hingehen würde, noch viel mehr solcher Puppen gäbe. Es war ein Duktus wie von jemandem, der sich auf den eigenen Tod vorbereitet, ich habe meinen Nachlass geregelt, wir mussten das Klavier zurücklassen, wie auch den Kater – das waren für mich als Sechsjährige die größten Opfer, die ich bringen konnte.

Und Freundinnen und Freunde …

MW: … alle, die ich kannte, bis auf Mutter und Schwester. Ich erinnere mich dann an die erste Zeit in Deutschland, als wir in einer Notwohnung landeten. Wir hatten ein Vier-Bett-Zimmer für uns. Ganz typische Story, das werden Sie von jedem Kontingent-Flüchtling hören: Langer Flur, riesige Küche, riesige Toilette für die ganze Etage. Dann sind wir in einer Wohnung gelandet, die zwei Zimmer und eine Kochnische hatte. Meine Mutter hat sich nachts an uns gepresst, sie hat sich an uns festgehalten, sie weinte, sie hatte Angst – sie war 26. Meine Schwester war zweieinhalb Jahre alt, ich sechs, meine Mutter musste sich an uns klammern, weil wir das einzige waren, was ihr geblieben war. Ein Koffer, eine Wohnung voller Möbel vom Sperrmüll, ihr Diplom wurde nicht anerkannt.

Was ist sie von Beruf?

MW: Sie ist Ökonomin und hat in Deutschland eine Ausbildung zur Buchhalterin gemacht. Das ist ein Job, in dem sie immer noch arbeitet und für den sie lächerlich wenig Geld bekommt – sie wird in Altersarmut enden. Auch das ist das Schicksal der meisten Kontingent-Flüchtlinge.

Wie war ihr Eindruck vom Land, von den Deutschen – wirkten sie distanziert, haben sie geholfen?

MW: Viele haben geholfen. Wir lebten aber zunächst in einem Haus voller alter Frauen, die sich darüber beschwerten, dass Kinder Lärm machten – ein für uns völlig neues Konzept. Das ist etwas sehr Deutsches, schon das Wort »Kinderlärm« fehlt in anderen Sprachen. Die faszinierende Einrichtung einer Mittagsruhe, in der man glaubte, Kinder einfach ausschalten zu können, das war etwas, woran ich mich sehr lebhaft erinnere. Und an den verzweifelten Versuch meiner Mutter, zwei desorientierte Kinder dazu zu bringen, keine Geräusche zu machen. Das ließ mich das Land erst einmal als überreglementiert und feindselig verstehen. Als ich mich in der 10. Klasse für eine Auslandsreise bewerben wollte und ich etwas typisch Deutsches mitbringen sollte, hatte ich eine Hausordnung mit dabei. Andererseits: Wir sind später in eine Straße gezogen, in der es ein paar Kinder gab, und dort wohnten sehr freundliche Familien. Dort wurde uns auch Deutsch beigebracht. Und gerade, als ich eingeschult wurde, schickte mich die Ärztin zur Kur, weil ich unter 20 Kilo wog – ich war sehr schwer krank, als ich nach Deutschland kam.

Wegen Tschernobyl?

MW: Sehr wahrscheinlich. Die Ärzte sagten, was wollen Sie? Das ist ein Tschernobyl-Kind. Ich musste dann allein für sechs Wochen zur Kur auf Norderney, was bedeutete, dass ich mich in einer rein deutschsprachigen Umgebung befand. Das war schwierig – ein Crashkurs. Einerseits habe ich Deutschland als hilfsbereit erlebt, andererseits war ich stets die einzige Ausländerin …

Ein zweifaches Erbe – sie kamen aus der ehemaligen UdSSR, und Sie sind Jüdin. Haben Sie in dieser Hinsicht negative Erfahrungen gemacht?

MW: Nein, als Kind habe ich keinen Antisemitismus erfahren, aber ich habe auch nicht als Jüdin gelebt. Es fehlte der Kontext: Die Synagoge in Wuppertal habe ich als russisches Kulturzentrum wahrgenommen. Das Judentum spielte allenfalls in hints and remarks eine Rolle, in kleinen Witzen, die wir unter uns machten, und in der innerrussischen Unterscheidung.

Wann hat sich das geändert?

MW: Ich habe mich als Jüdin erst verstanden, als ich nach Münster zum Studium gegangen bin. Davor hatte ich vor allem in der Pubertät eine lange Suche nach Religion hinter mir – als Kind ging ich in den katholischen Religionsunterricht in der Grundschule und in den evangelischen auf der weiterführenden Schule. Die Hinwendung zum Judentum kam später, der Besuch in der Synagoge auch mit dem Bedürfnis zu beten, das Gespräch mit dem Rabbi. Beim Waffelessen am Nachmittag mit den jungen Leuten der Gemeinde kam dann die unausweichliche Frage: Warum eigentlich Schoa? Ich glaube, irgendwann landet man immer bei dieser Frage, so unmöglich sie ist. Der Rabbi sagt, okay, besuch' zwei Jahre lang meinen Unterricht, dann kann ich dir die Frage erklären. Wir haben sehr viel darüber gesprochen, aber seine Antwort auf die Frage kann ich überhaupt nicht wiedergeben.

Hat Sie die Antwort denn überzeugt?

MW: Ja, hat sie. Aber es bleibt dennoch eine unmögliche Antwort auf eine unmögliche Frage. Auf jeden Fall begann ich damit, mich als Jüdin zu identifizieren, und damit begann auch, dass mir Befremden entgegenschlug. Wow, Du bist die erste Jüdin, die ich kennenlerne; wie ist das denn so als Jüdin? – das Thema umgab plötzlich eine große Anspannung, und es kamen Fragen auf mich zu, die mich fühlen ließen, als sei ich ein Ausstellungsobjekt. Das ist aber kein Antisemitismus.

Echtem Antisemitismus sind Sie begegnet …

MW: … echtem Antisemitismus bin ich noch während meines Studiums begegnet, als ich an die Öffentlichkeit ging.

In der Piratenpartei?

MW: Genau, anlässlich der ersten Bundespressekonferenz, zu der ich mitkommen sollte. Ich hatte meine Kette mit Davidstern um, einfach, weil ich sie immer trug, ich habe mir keine Gedanken darüber gemacht. Ein Journalist sprach mich darauf an, und zwar so, dass ich die Dimension von Antisemitismus begriff. Ich habe vorher auch nicht an Sexismus geglaubt – man glaubt tatsächlich überhaupt nicht an all diese Dinge, bis man eine Frau ist, die in der Öffentlichkeit steht.

Wie reagieren Sie auf die BDS-Diskussion? Oder auf einen Offenen Brief von Künstlerinnen und Künstlern und Intellektuellen zum Beispiel, die dem Bundestagsbeschluss, BDS als antisemitisch einzustufen, einen Boykott des Boykotts vorwerfen?

MW: Erstens ist das Thema komplex, zweitens aber gibt es dabei etwas, was mich am allermeisten nervt, nämlich, dass ich zu all diesen Dingen Stellung beziehen muss. Das ist tatsächlich das, was mein Leben als Jüdin am meisten belastet. Wenn ich ernsthaft etwas benennen müsste, was mein Leben in Deutschland schwierig macht, dann das – dass ich zu den kompliziertesten Konflikten der Welt, die absolut nichts mit mir zu tun haben, mon dieu!, dass ich dazu Stellung beziehen soll. Dass ich eigens nach Israel reisen musste, nur um israelische Politik zu verstehen. Ein Land, in dem ich nicht wohne, nicht wähle und auf das ich auch sonst überhaupt keinen Einfluss habe. Und ehrlich gesagt, nachdem ich da war und mich sehr intensiv damit beschäftigt habe, in Jerusalem, in Ramallah, verstand ich noch weniger als ich vorher verstanden habe. Jeder, der behauptet, in diesem Konflikt irgendetwas eindeutig zu finden, hat sich nicht lange genug damit beschäftigt.

Oder eine Lösung zu haben …

MW: … erst recht. Das ist aber meiner Meinung nach ein Teil von Antisemitismus, dass man Juden mitverantwortlich macht. Ich habe das erst vor Kurzem wieder erlebt, als jemand behauptete: Ihr habt ja das Bild aufgebaut, dass Israel so völlig Friede, Freude, Eierkuchen ist, oder das Israel irgendwie einig ist – das ist eure Schuld. Worauf ich bloß denke: Welches Bild habe ich denn mit aufgebaut? Auch andere Juden üben übrigens Druck aus, Stellung zu beziehen, und wenn man es nicht tut, werfen sie einem Feigheit vor. Ich hätte aber gern das Privileg, einfach schweigen zu dürfen und nicht einfache Antworten auf Fragen geben zu müssen, die kompliziert sind und bei denen man sich in jedem Fall in die Nesseln setzt.

Was ist Ihre Prognose: Ist es Ihr Schicksal, auf ewig in Haftung genommen zu werden für Dinge, die ein Politiker wie Netanyahu zu verantworten hat?

MW: Das kommt sehr stark darauf an, wie das Thema kommuniziert wird, es kommt stark auf die Medien an, es kommt darauf an, wer in der Öffentlichkeit über Juden spricht. Oder darauf, wie stark die Öffentlichkeit mit Juden spricht. Das liegt, ehrlich gesagt, in der Hand der Mehrheitsgesellschaft. Wir haben nicht genug Einfluss darauf, wir als Juden sind nicht genug Stimmen, um kulturprägend zu sein. Wir können versuchen, unsere Lebensrealität greifbarer und nachvollziehbarer zu machen, wir können versuchen, so wie ich gerade, mit der Polizei zu arbeiten, dort Fortbildungen etwa zu Antisemitismus und Online-Rechtsradikalisierung anzubieten, und ich mache auch Veranstaltungen rund um Erinnerungskultur, ich mache Erzähl-Cafés. Das ist mein Aktivismus, den ich aber eigentlich niemandem schulde qua meiner Geburt. Ich mache das natürlich, um mein Leben und das der Jüdinnen und Juden in Deutschland zu verbessern, aber welcher Erfolg dem beschieden ist, hängt komplett von der Mehrheitsgesellschaft ab. Und wenn für jeden Juden in der Öffentlichkeit dreißigmal mehr über irgendwelche Kabarettisten diskutiert wird, die irgendwas Antisemitisches sagen, dann ist das ein Kampf gegen Windmühlen.

Frau Weisband, auf eins möchte ich noch einmal zurückkommen, nämlich auf die Sache mit dem jüdischen Humor. Besteht nicht die Gefahr, dass man hier in ein Klischee verfällt?

MW: Natürlich. Wie so ziemlich jede Minderheit Gefahr läuft, ins Klischee abzukippen. Ich sage nur: Klezmer. Ja, das ist so, aber ganz ehrlich: Die wenigsten Leute kennen jüdische Witze, und außerdem – wenn ihr schon Klischees über uns bedienen müsst, dann lieber jüdischen Humor und von mir aus sogar Klezmer, statt Weltherrschaft.

Die Autoren

Prof. Dr. Dr. h.c. mult. Werner Eck

(Jahrgang 1939) studierte Geschichte, Latein, Griechisch, Germanistik und Archäologie an der Universität Erlangen-Nürnberg und ist emeritierter Professor für Alte Geschichte an der Universität zu Köln. Er ist Projektleiter der Prosopographia Imperii Romani und des Corpus Inscriptionum Latinarum an der Berlin-Brandenburgischen Akademie der Wissenschaften, wissenschaftlicher Herausgeber der Kölner Stadtgeschichte und Mitherausgeber des Corpus Inscriptionum Iudaeae/Palaestinae · A multi-lingual corpus of the inscriptions from Alexander to Muhammad, Bd. 1–5 (Schriftenverzeichnis unter: https://alte-geschichte.phil-fak.uni-koeln.de/personal/ehemalige-emeriti/eck-prof-dr-werner).

Dr. Helmut Fußbroich

(Jahrgang 1935) studierte Kunstgeschichte, Archäologie und Pädagogik an den Universitäten Köln und Bonn. Er ist Gründungsmitglied und langjähriger Geschäftsführer der Gesellschaft für das Haus und Museum der Jüdischen Kultur in Nordrhein-Westfalen e. V., Inhaber des Rheinland-Talers und Autor einer Vielzahl von Beiträgen zur Kölner Kunst- und Baugeschichte.

Dr. Klaus Hardering

(Jahrgang 1962) studierte Kunstgeschichte, Historische Geographie und Städtebau an den Universitäten Bonn und Leiden. 1998 promovierte er über die Baugeschichte der romanischen Abteikirche von Rolduc (Klosterrath) in den Niederlanden. Ab 1990 ist er wissenschaftlicher Mitarbeiter der Dombauverwaltung in Köln für die Bereiche Inventarisation sowie Presse- und Öffentlichkeitsarbeit. Seit 2007 leitet er das Kölner Dombauarchiv. Er ist Verfasser zahlreicher Publikationen zur künstlerischen Ausstattung des Kölner Doms.

Dr. Rolf Lauer

(Jahrgang 1944) studierte Kunstgeschichte, Archäologie, Christliche Archäologie und Vor- und Frühgeschichte an den Universitäten München und Bonn. 1974 promovierte er über mittelalterliche Buchmalerei. Von 1975 bis 2007 leitete er das Dombauarchiv und war in dieser Eigenschaft auch Schriftleiter und Mitherausgeber des jährlich erscheinenden Kölner Domblattes, der wissenschaftlichen Zeitschrift des Zentral-Dombau-Vereins. Zu seiner Zuständigkeit zählte die Ausstattung des Kölner Doms. Er übernahm Lehraufträge an den Universitäten Bonn, Marburg und Bochum und verfasste zahlreiche Publikationen zur Kunstgeschichte des Kölner Doms und seiner Ausstattung.

Dr. Cordula Lissner

studierte Geschichte an den Universitäten Köln, Düsseldorf und Bielefeld und ist wissenschaftliche Geschäftsführerin des Salomon Ludwig Steinheim-Instituts für deutsch-jüdische Geschichte an der Universität Duisburg-Essen. Ihre Forschungs- und Ausstellungsprojekte behandeln schwerpunktmäßig Themen zur neueren deutsch-jüdischen Geschichte und zur Migrationsgeschichte.

Frank Olbert

(Jahrgang 1962) ist Korrespondent des »Kölner Stadt-Anzeiger« mit dem Schwerpunkt Bildung und Wissenschaft. Er arbeitet darüber hinaus als Kulturjournalist und Filmkritiker und schreibt regelmäßig zu Themen über Judentum, Israel und Antisemitismus.

Dr. Thomas Otten

(Jahrgang 1966) leitet seit 2016 das Projekt »MiQua. LVR-Jüdisches Museum im Archäologischen Quartier Köln« und ist seit 2008 Lehrbeauftragter am Archäologischen Institut der Universität zu Köln. Zuvor war er von 2006 bis 2016 Referatsleiter für Denkmalschutz und Denkmalpflege im Bauministerium des Landes NRW. Als Geschäftsführer des Rheinischen Vereins für Denkmalpflege und Landschaftsschutz war er von 2000 bis 2006 tätig. Er studierte Vor- und Frühgeschichte, Klassische Archäologie und Alte Geschichte an den Universitäten Bonn und München. Seine Forschungsschwerpunkte liegen im Bereich der Spätantike, des frühen Christentums und der byzantinischen Kirchen- und Gräberarchäologie sowie in der Denkmalpflege. Seine Habilitationsschrift ist den byzantinischen Gräbern von Pergamon gewidmet.

Dr. Matthias Schmandt

(Jahrgang 1969) ist Leiter des Kulturamts (seit 2010) und des Museums am Strom (seit 2000) der Stadt Bingen. Zudem ist er Vorstandsmitglied des Museumsverbands Rheinland-Pfalz. Er übernimmt Lehraufträge (Universität Mainz) und publiziert zur jüdischen Geschichte, rheinischen (Kultur-)Geschichte und zu Leben, Werk und Nachwirkung Hildegards von Bingen.

Marina Weisband

(Jahrgang 1987) ist Diplompsychologin und Expertin für digitale Partizipation und Bildung. Von 2011 bis 2012 war sie politische Geschäftsführerin der Piratenpartei Deutschland. Heute engagiert sie sich bei den Grünen in den Themenbereichen Digitalisierung und Bildung. In ihrem Buch »Wir nennen es Politik« schildert sie für Politik-Neueinsteiger die Möglichkeiten neuer demokratischer Formen durch Nutzung des Internets. Seit 2014 leitet sie bei politik-digital e.V. das Projekt aula – ein Konzept zur politischen Bildung und liquid-demokratischen Beteiligung von Jugendlichen an den Regeln und Angelegenheiten ihrer Schulen und außerschulischen Organisationen (www.aula.de). 2021 sprach sie am Holocaust Gedenktag vor dem Deutschen Bundestag.

Prof. Dr. Jürgen Wilhelm

(Jahrgang 1949) studierte Rechtswissenschaften an der Universit zu Köln. Der Jurist war langjähriger Vorsitzender eines Regionalparlaments in Köln und ist Vorsitzender der Kölnischen Gesellschaft für Christlich-Jüdische Zusammenarbeit sowie Gründungsmitglied des Vereins 321–1700 Jahre jüdisches Leben in Deutschland. Er verfasste zahlreiche Bücher und Aufsätze zur rheinischen Kunst und Kultur.

Ben-Sasson, Haim Hillel (Hrsg.), *Geschichte des jüdischen Volkes,* Bd. 2: *Vom 7. bis zum 17. Jahrhundert,* München 1979

Bodemann, Y. Michal / Brumlik, Micha (Hrsg.), *Juden in Deutschland – Deutschland in den Juden · Neue Perspektiven,* Göttingen 2010

Brenner, Michael, *Nach dem Holocaust: Juden in Deutschland, 1945–1950,* München 1995

Brenner, Michael (Hrsg.), *Geschichte der Juden in Deutschland von 1945 bis in die Gegenwart · Politik, Kultur und Gesellschaft,* München 2012

Czollek, Max, *Gegenwartsbewältigung,* München 2020

Eck, Werner, *Spurensuche · Juden im römischen Köln* (= Schriftenreihe der Gesellschaft zur Förderung eines Hauses und Museums der jüdischen Kultur in Köln 1/2011), Köln 2011

Füssenich, Peter / Hardering, Klaus / Lauer, Rolf / Wacker, Bernd (Hrsg.), *Der Kölner Dom und die Juden,* Köln [2]2018 (Erstpublikation 2008; mit älterer Literatur)

Geisel, Christof, *Die Juden im Frankenreich · Von den Merowingern bis zum Tode Ludwigs des Frommen* (= Freiburger Beiträge zur mittelalterlichen Geschichte, Bd. 10), Frankfurt u. a. 1998

Gross, Raphael / Hansen, Svend / Lenarz, Michael / Rahemipour, Patricia (Hrsg.), *Im Licht der Menora · Jüdisches Leben in der römischen Provinz,* Ausstellungskatalog Jüdisches Museum Frankfurt, Frankfurt a. M. 2014

Grübel, Monika / Mölich, Georg (Hrsg.), *Jüdisches Leben im Rheinland · Vom Mittelalter bis zur Gegenwart,* Köln u. a. 2005

Harck, Ole, *Archäologische Studien zum Judentum in der europäischen Antike und dem zentraleuropäischen Mittelalter,* Petersberg 2014

Heil, Johannes, Zwischen Nutzen und Erniedrigung · Die Juden in der Karolingerzeit, in: *Kaiser und Kalifen · Karl der Große und die Mächte am Mittelmeer um 800,* Ausstellungskatalog, hrsg. von der Stiftung Deutsches Historisches Museum, Darmstadt 2014, S. 38–49

Herzig, Arno, *Jüdisches Leben in Deutschland,* Bonn 2010

Herzig, Arno / Rademacher, Cay, *Die Geschichte der Juden in Deutschland* (= Schriftenreihe der bpb, Bd. 692), Bonn 2008

Heschel, Abraham J., Keine Religion ist ein Eiland, in: Rotschild, Fritz A. (Hrsg.), *Christentum aus jüdischer Sicht · Fünf jüdische Denker des 20. Jahrhunderts über das Christentum und sein Verhältnis zum Judentum* (= Veröffentlichungen aus dem Institut Kirche und Judentum, Bd. 25), Berlin / Düsseldorf 1998, S. 324–341 (erste Druckfassung des 1965 in New York gehaltenen Vortrags in: Union Theological Seminary Quarterly Review, Bd. 21, 1966)

Homolka, Walter / Fegert, Jonas / Frank, Jo (Hrsg.), *»Weil ich hier leben will …«: jüdische Stimmen zur Zukunft Deutschlands und Europas,* Freiburg u. a. 2018

Jalta · Positionen zur jüdischen Gegenwart, hrsg. von Micha Brumlik, Marina Chernivsky, Max Czollek, Hannah Peaceman, Anna Schapiro und Lea Wohl von Haselberg (ab 2017)

Judaica · Kölnisches Stadtmuseum (= Wissenschaftliche Kataloge des Kölnischen Stadtmuseums), Bestandskatalog, hrsg. von Hugo Borger und Heiko Steuer, bearb. von Liesel Franzheim, Köln 1980

Kaplan, Marion (Hrsg.), *Geschichte des jüdischen Alltags · Vom 17. Jahrhundert bis 1945,* München 2003

Körber, Karen (Hrsg.), *Russisch-jüdische Gegenwart in Deutschland · Interdisziplinäre Perspektiven auf eine Diaspora im Wandel* (= Schriften des Jüdischen Museums Berlin, Bd. 3), Göttingen 2015

Krinsky, Carol Herselle, *Europas Synagogen · Architektur, Geschichte und Bedeutung,* Stuttgart 1988

Lange, Gunter, *Jeanette Wolff,* Bonn 1988

Lotter, Friedrich, Die Juden und die städtische Kontinuität von der Spätantike zum Mittelalter im lateinischen Westen, in: *Juden in der Stadt,* hrsg. von Fritz Mayrhoffer und Ferdinand Opll, Linz / Donau 1999, S. 21–79

Meyer, Michael A. (Hrsg.), *Deutsch-jüdische Geschichte in der Neuzeit,* 4 Bde., München 1996–1997

MiQua. LVR-Jüdisches Museum im Archäologischen Quartier Köln (Hrsg.), *Das Dekret von 321: Köln, der Kaiser und die jüdische Geschichte,* 2., überarb. u. erw. Auflage, Köln 2021

Monumenta Judaica · 2000 Jahre Geschichte und Kultur der Juden am Rhein, Ausstellungskatalog, Kölnisches Stadtmuseum, 2 Bde., Handbuch und Katalog, hrsg. von Konrad Schilling, Köln 1963

Noehtlichs, Karl Leo, *Die Juden im christlichen Imperium Romanum (4.–6. Jahrhundert),* Berlin 2001

Otten, Thomas / Wilhelm, Jürgen (Hrsg.), *Hagadah von Isaac Offenbach,* Reprint, mit einer Einführung von Christiane Twiehaus, Köln 2020

Richarz, Monika, *Jüdisches Leben in Deutschland · Selbstzeugnisse zur Sozialgeschichte (1780–1945),* 3 Bde., Stuttgart 1976–1982 (Kompaktausgabe: *Bürger auf Widerruf · Lebenszeugnisse deutscher Juden 1780–1945,* München 1989)

Schieffer, Rudolf, *Die ältesten Judengemeinden in Deutschland* (= Nordrhein-Westfälische Akademie der Wissenschaften und Künste, Geisteswissenschaften, Vorträge, G 450), Paderborn 2015

Schneider, Richard Chaim, *Wir sind da! Die Geschichte der Juden in Deutschland von 1945 bis heute,* Berlin 2000

Schoeps, Julius H. (Hrsg.), *Neues Lexikon des Judentums,* Gütersloh 2000

Toch, Michael, *Dunkle Jahrhunderte: Gab es ein jüdisches Frühmittelalter?,* Arye-Maimon-Vortrag an der Universität Trier, 15. November 2000, Trier 2001

Volkov, Shulamit, *Die Juden in Deutschland 1780–1918* (= Enzyklopädie deutscher Geschichte, Bd. 16), München [2]2002

Wacker, Bernd, Ostentative Ahnungslosigkeit · Das sogenannte Kinderfenster im Kölner Dom · Geschichte, Theologie und Ideologie, in: *Kölner Domblatt,* 85, 2020, S. 190–227

Weissweiler, Eva, *Notre Dame de DaDa,* Köln 2016

Werhahn, Carola Maria, *Die Stiftung des Victor von Carben (1423–1515) im Kölner Dom · Glaubenspropaganda zwischen Judentum und Christentum in Text und Bild,* München 2013

Wiese, Christian / Alkier, Stefan / Schneider, Michael (Hrsg.), *Diversität – Differenz – Dialogizität · Religion in pluralen Kontexten,* Berlin 2017

Wiese, Christian / Kiesel, Doron (Hrsg.), *Gottesverständnisse im Judentum · Traditionen und Interpretationen,* Leipzig 2021

Wilhelm, Jürgen, *Moses Hess,* Leipzig 2020

Wilhelm, Jürgen, *Isaac Offenbach,* Leipzig 2019

Wilhelm, Jürgen (Hrsg.), *Zwei Jahrtausende jüdische Kunst und Kultur in Köln,* Köln 2007

Zimmermann, Moshe, *Die deutschen Juden 1914–1945* (= Enzyklopädie deutscher Geschichte, Bd. 43), München 1997

Zuckermann, Moshe (Hrsg.), *Zwischen Politik und Kultur · Juden in der DDR* (Institut für Deutsche Geschichte, Universität Tel Aviv), Tel Aviv 2002

2021 JÜDISCHES LEBEN IN DEUTSCHLAND

IMPRESSUM

Herausgeber
Jürgen Wilhelm
Thomas Otten

Autoren
Werner Eck
Helmut Fußbroich
Klaus Hardering
Rolf Lauer
Cordula Lissner
Frank Olbert
Thomas Otten
Matthias Schmandt
Marina Weisband
Jürgen Wilhelm

Projektleitung Verlag
Rosa Baumgartner

Lektorat
Martina Schlagenhaufer

Umschrift des hebräischen Alphabets
Stefan Siebers, Düsseldorf

Bildredaktion
Christian Heße

Grafikdesign
Johannes Seibt

Gesamtherstellung
Wienand Verlag

Printed in EU

Erschienen im Wienand Verlag
www.wienand-verlag.de
Weyertal 59, 50937 Köln

ISBN 978-3-86832-625-3

Die Deutsche Nationalbibliothek verzeichnet diese Publikation in der Deutschen Nationalbibliografie; detaillierte bibliografische Daten sind im Internet über http://dnb.d-nb.de abrufbar.

Umschlagabbildung
Johann Adam Boller, Chanukka-Leuchter, Frankfurt am Main, 1706–1732, New York, The Jewish Museum

Foto- und Bildnachweis
akg-images, Berlin: S. 73, 82; Foto: Heiner Heine: S. 46; Foto: S. 73, Erich Lessing: S. 45 li., 45 re., 83 oben, 85, 89; Bible Land Pictures / Z. Radovan: S. 48; Bildarchiv Pisarek: S. 47, 87; WHA / World History Archive: S. 88

Augsburg, Kunstsammlungen und Museen Augsburg, Archäologisches Zentraldepot, Foto: A. Brücklmair: S. 24

Augusta Raurica, Augst: S. 27

Biblioteca Apostolica Vaticana, Vatikanstadt: S. 14

bpk / The Jewish Museum of NY / Art Resource, NY; Umschlagabbildung, S. 8, 86 unten

bpk-Bildagentur, Berlin: S. 44

© Die Photographische Sammlung / SK Stiftung Kultur – August Sander Archiv, Köln;
VG Bild-Kunst Bonn, 2021: S. 71

Greven Verlag, Köln: S. 65

Historisches Archiv der Stadt Köln: S. 67

Hohe Domkirche Köln, Dombauhütte: S. 59; Foto: Matthias Deml: S. 62; Foto: Klaus Maximilian Gierden: S. 52; Foto: Glasrestaurierungswerkstatt: S. 60, 63; Foto: Matz und Schenk: S. 50, 51, 53, 55, 57, 58, 61

Institut für Urgeschichte und Historische Archäologie, Uni Wien, Foto: Gabriele Gattinger: S. 28

© Joods Historisch Museum, Amsterdam und Landschaftsverband Rheinland (2017 erworben durch das Joods Historisch Museum, Amsterdam und den Landschaftsverband Rheinland mit Unterstützung der Kulturstiftung der Länder, der Ernst von Siemens Kunststiftung, der Kulturförderung des Landes Nordrhein-Westfalen, der C.L. Grosspeter Stiftung, des Rheinischen Sparkassen- und Giroverbandes sowie der Sparkasse KölnBonn und der Kreissparkasse Köln): S. 32

Jüdisches Museum Berlin, Foto: Jens Ziehe: S. 20

Jüdisches Museum Frankfurt: S. 75

© Nachlass Celia Körber-Leupold, Erftstadt: S. 23

© Sharon Nathan / MiQua: S. 34

Rheinisches Bildarchiv, Köln: S. 18, 19, 21, 22, 40, 42, 45 oben Mitte, 45 unten, 76, 83, 84, 86 oben

© Herby Sachs / LVR ZMD: S. 79

© Klaus W. Schmidt: S. 37

Stadt Köln, Foto: M. van den Bogaard: S. 29, 41

Stadtmuseum Düsseldorf: S. 69

Wienand-Publikationen werden weltweit in führenden Buchhandlungen und Museumsshops angeboten (Vertrieb in Europa, Asien, Nord- und Südamerika).